本书得到了如下项目资助：
教育部人文社会科学一般项目"我国经济发展方式转变测度研究"（10YJA790139）
辽宁省高等学校优秀人才支持计划项目"辽宁现代装备制造产业技术创新体系建设研究"（WR201008）
辽宁省软科学计划项目"辽宁科技创新能力综合评价研究"（2011401003）

经济发展方式转变与
先进装备制造产业技术创新

The Transformation of Economic Development Pattern and
Technological Innovation of Advanced Equipment
Manufacturing Industry

王伟光 等／著

经济管理出版社
ECONOMY & MANAGEMENT PUBLISHING HOUSE

图书在版编目（CIP）数据

经济发展方式转变与先进装备制造产业技术创新/王伟光等著. —北京：经济管理
出版社，2013.10

ISBN 978-7-5096-2694-8

Ⅰ.①经… Ⅱ.①王… Ⅲ.①制造工业—技术革新—研究—中国 Ⅳ.①F426.4

中国版本图书馆 CIP 数据核字（2013）第 245136 号

组稿编辑：陈　力
责任编辑：杨国强　张瑞军
责任印制：杨国强
责任校对：李玉敏

出版发行：经济管理出版社
　　　　　（北京市海淀区北蜂窝 8 号中雅大厦 A 座 11 层　100038）
网　　址：www. E-mp. com. cn
电　　话：（010）51915602
印　　刷：三河市延风印装厂
经　　销：新华书店
开　　本：720mm×1000mm/16
印　　张：11.75
字　　数：208 千字
版　　次：2013 年 10 月第 1 版　　2013 年 10 月第 1 次印刷
书　　号：ISBN 978-7-5096-2694-8
定　　价：36.00 元

研究组

组长：王伟光

成员：冯荣凯　尹　博　高宏伟　白雪飞　夏茂森　康　鹏

　　　马云俊　刘新竹　张洪阳　董革冰　马胜利　由　雷

　　　李春波　万　进　彭　宗　张妍妍

目　录

第一章 技术创新体系与经济发展方式转变的理论进展

第一节 转型与经济发展

通常，"转型"常被理解为从计划经济向市场经济的转变，认为转轨是一个发生根本性变化的过程：从基于国家控制的社会主义集中计划经济转向自由市场经济，后社会主义转轨就是以市场经济替代中央集权计划经济的过程。并且认为，转型与改革根本不同，应当将市场化改革与向市场经济转轨区分开来。改革的焦点是调整与完善现有制度，而转轨是改变制度基础的过程，是要通过完全的制度替换和建立新型的经济关系来废除以前的制度。研究范围和研究内容一般囿于经济层面，即经济转型。但也有某些研究对"转型"的理解要宽泛得多，他们把转型理解为"大规模制度变迁的过程"（Roland，2002），制度转型意味着"从一种国家或政体被转变或转变为另一种国家或政体"（Kasper and Streit，2000）。"转轨是后社会主义国家的制度与全球资本主义制度趋同的过程"（Sacks，2000），而科尔奈（Kornai，2005）则认为，"转型是一个大概念，不能仅仅简单归结为从计划经济到市场经济的转轨。转型并不仅仅包括经济的转型，还包括生活方式、文化的转型，政治、法律制度的转型等多个方面，因此必须多维度地考察转型"。我国学者张良等（2006）认为，转型不仅包括制度变迁，还应该包括以技术创新为导向的发展，制度规则的选择须与技术经济的基础相匹配，两者之间有着相互作用的复杂关系，在理论和实践中缺一不可，不可偏废。发展和制度变迁二者合并即为转型过程。"转型"的概念不仅包括制度变迁，还应包括发展。

经济发展不仅依赖生产要素（资源、劳动和资本）投入的增加，还依赖于生产效率的提高。在经济发展中，技术进步具有决定性的作用，各国的经济发展一直都依赖于科技创新。

（1）探讨创新如何影响经济增长。知识创造与扩散是创新推动经济发展的重要途径。Erik Reinert 和 Arno Mong Daastøl（1997）强调，将经济增长视为一个以知识为基础的动态演进的过程。Claudia Werker 和 Suma Athreye（2004）也认为，知识和创新为区域发展和经济增长提供了新的方法和动力，并深入阐述了知识的产生和传播作用区域经济发展和增长的具体过程。Milica Zarkovic（2004）以创新技术在印度农业中的应用为例，探讨了科技创新对经济的推动作用。而 Cristina Martinez-Fernandez 和 Tavis Potts（2009）则从创新的环境角度，深入剖析了"创新生态系统"对城市及其周边地区的工业发展、就业增长的影响。

（2）检验创新与经济增长的关系。美国学者 Ian E. Maxwell（2009）认为，美国具有坚实科技创新基础，这一方面推动了美国 GDP 的快速增长，另一方面也带来了人们生活水平的大幅提高。Andre Jungmittag（2004）通过实证分析方法对 1969~1998 年欧盟国家的技术创新和专利与经济增长的关系进行了研究。Aurora A. C. Teixeira 和 Natércia Fortuna（2004）分析了 1960~2001 年葡萄牙的科技创新对其经济增长的影响。Sedgley 和 Elmslie（2010）利用实证分析方法对美国经济的发展进行了研究，为美国经济增长的内生创新理论和内生增长理论提供了实证支持。还有一些学者从更广泛的角度，如全球创新指标（Stella Liu，2011）和衡量一个地区（Timothy F. Slaper，2010）、一个城市（Michael R. Bloomberg，2010）或一个行业创新能力指标体系（David J. Spielman，2011）对科技创新支撑经济增长的力度进行了实证研究。这些最新的研究成果进一步开阔了研究科技创新支撑经济发展方式转变的绩效评价视野。

（3）创新与企业成长、竞争力的关系。该研究视角更多的是从微观层面探讨科技创新管理对企业发展的影响。Tarasyev A. M. 和 Watanabe C.（2001）认为，企业生产和创新投入存在一个最优的动态平衡关系，因此可以建立最优动态 R&D 系统推进企业生产，实现增长。Ian E. Maxwell（2009）认为，拥有良好创新能力和管理水平的企业可以进行连续的技术创新活动，从而实现持续增长。Ann Kjellberg（2006）强调，创新可以将产品质量和企业生产力结合起来，从而实现企业的盈利增长。Antonio Musolesi 和 Jean-Pierre Huiban（2010）发现，通过研发、采购、专利以及许可证等途径获得的知识对知识型企业成长至关重要。Ervin Schellenberg（2010）则指出，创新是促进企业可持续发展的主要驱动力，决定着企业的成功、未来盈利能力以及企业的价值，而创新的成功与否取决于该组织的质量和控制创新这一系统过程的人。

创新与经济发展的关系也是我国学者非常关注的焦点问题之一。卞松（1996）较早地把科技创新与经济增长联系起来，随后刘兴远（2000）、张恩英（2003）、牛芳（2004）、李文明（2006）等也对该问题进行研究，并提及了科技创新与经济增长（或增长方式转变）的关系。2007 年之后，我国该方向研究进入到了新发展阶段。这一时期的研究主要集中在两个方面。

（1）延续国外研究思路，检验我国创新与经济增长的关系。杨俊、李晓羽和杨尘（2007）选取我国 1996~2004 年的省际面板数据，运用门槛效应（Threshold Effect）分析方法，从人力资本积累角度，探讨了适宜我国当前经济增长的技术进步途径。任义君（2008）以我国 31 个省、市、自治区为单元，选取高校的 R&D 科技活动经费、人员全时当量、课题数量及科技服务这一组变量代表高校科技创新能力，选取最终消费支出、人均 GDP、第三产业总产值这一组变量代表区域经济增长，通过对这两组变量进行典型相关分析，得出高校科技创新能力与区域经济增长是密切相关的，区域经济增长的持续增长要求不断提高科技创新能力。万勇、文豪（2009）选取我国 30 个省、市、自治区 1998~2006 年的数据资料为样本，建立面板数据模型进行分析，得出技术创新投入的各要素对经济增长的拉动有区域性的差异。郭秀兰（2009）以我国 1980~2005 年的相关数据为基础构建 Cobb-Douglas 生产函数模型，得出资本、劳动、技术进步对经济增长的贡献率分别为 0.0276、0.0207、0.1134，其中技术进步的贡献率最大。张积林（2013）以我国 1995~2009 年的统计数据为基础建立计量经济模型，得出 R&D 经费支出和科技人员投入数（Num）均与经济增长有正相关关系，且科技人员投入数（Num）对经济增长有着更为显著的促进作用的结论。此外，王瑾（2003）、吴传清和刘方池（2003）、朱勇和张宗宜（2005）、郭新力（2007）、李正辉和徐维（2011）等学者，从区域层面对科技创新促进经济增长的机理和实证两个方面展开研究，揭示了区域科技创新体系差异对经济增长的影响。

（2）开始深入探索创新与经济发展方式转变之间的关系。尽管经济增长和经济发展之间既有区别又有联系，但是两者与科技创新之间的关系是十分复杂的。随着我国经济发展方式转变越来越紧迫，许多学者开始尝试探索科技创新与经济发展方式转变的关系，并取得了可喜成果。钟钰和王海江（2009）指出，科技创新是经济发展方式转变的基础，并分析科技创新的四个基点：以统筹经济社会协调发展为目标，以缓解资源、能源和环境的"瓶颈"制约为纽带，以实现传统农业向现代农业转变为重点，以推动传统产业改造升级、提升竞争力为核心。杨建慧（2010）针对经济发展方式转变中科技创新的客观必然性、矛盾问题以及突破口等问题进行探讨。毛明芳（2012）提出，以科技创新支撑经济发展方式转变的具体路径：攻克核心关键技术，破解转变经济发展方式的科技难题；选择性布局基础研究和前沿研究，为攻克核心关键技术提供坚实科学基础；实施专利—标准战略，将企业的核心技术优势转化为经济优势；打造自主知名品牌，提升技术产品和企业的无形价值。

第二节　创新的理论和实证研究

国外关于创新的研究可追溯到内生经济增长理论，Arrow（1962）很早就将技术进步纳入经济增长模型内在因素进行分析，并将技术进步的一部分作用内生化。G. M. Grossman 等（1994）建立了一个基于科技创新的长期经济增长模型，将知识溢出、知识集中与企业集群结合起来。缪尔塞（1985）集诸家之所长，认为科技创新是经过一段时间后，发展到实际成功应用的新思想和非连续性的科技活动。Rainer Andergassen 和 Franco N.（2005）认为，内生创新是相对于模仿创新、外部引进的技术创新模式，是系统内自发的行为。德国 Uwe 教授（1995）在分析经济增长时把内生创新和模仿创新并列提出，其内生创新的含义是原始创新。Gang Gong（2007）指出，长期内源性技术变革的基本特征包括从工艺创新到产品创新的发展。Soumodip Sarkar（2007）认为，集成创新模式是公司综合战略的重要部分，并从微观操作层面提出了集成创新的具体实施策略。Walter Eversheim、Elke Baessler 和 Thomas Breuer（2009）则综合运用多种理论和模型对集成创新的复杂性、目标等进行了研究。最近，Trippl 和 Michaela（2010）将区域创新系统建设研究推进到了一个新阶段。他们研究发现，以往区域创新系统研究较多地关注地理接近性和当地生产体制条件对新知识产生的关键作用，并较多地将理论和实证研究的重点聚焦在了一个国家范围内的区域创新系统上。他们的研究贡献在于探讨了一个国家范围内的区域创新系统的理论方法是否适用于跨边界的区域创新系统，并提出了跨边界区域创新系统的一些关键条件。

对于哪些因素影响或制约着创新，不同学者的看法不尽相同。Hans P.M. Veeke、Gabriël Lodewijks 和 Jaap A. Ottjes（2008）从创新目标与环境的权变关系视角，指出企业必须能够达到和实现一系列新目标，创新的过程不是"一次性"的事情，而是因环境不断变化而做出的持续调整。Raoni Barros Bagno 和 Lin Chih Cheng（2007）从建设组织内部创新系统（IIS）的理念出发，将战略的准确性、对外部环境的理解、内部组织结构、对外部结构的集成、组织基本过程系统化、人的因素及人之间的关系视为影响 IIS 的 6 个基本要素。

在创新能力评价方面，美国是世界上最早开展科技指标研究和出版本国科技指标报告的国家。长期以来，美国科技指标体系的基本内容相当稳定，主要组成部分有美国和国际 R&D 经费投入、科学和工程劳动力投入、科学家工程师的大学教育程度、大学的 R&D 投入、产业 R&D 投入与技术创新的关系、公众对科技的态度、新兴技术及对社会经济发展的影响，每一部分都包含数量众多的指标及其简要分析和国际比较。经济合作与发展组织（OECD）于 1992 年发表了第 1 版《技术创新手册》，即《奥斯陆（Oslo）手册》，提出了关于收集和解释创新数据的指导原则。从 20 世纪 80 年代开始，OECD 组织和欧盟就积极推进创新绩效指标的建立。1993 年，创新调查委员会（CIS）应用新的指标几乎对所有的西欧国家进行了创新调查。其中所提出的两个创新绩效指标是：创新产品所占销售比例和产品生命周期各个阶段里的企业收入。后来又进行了一定完善与修改。目前有两个在描述科技相关活动方面较为著名的模型，分别由经济合作与发展组织（OECD）和联合国教科文组织（UNESCO）提出。国外学者对科技创新能力的评价大多通过建立指标集来衡量。然而这些模型的指标集都过于庞大，很多指标的描述比较模糊，很难将定性指标定量化，因此在实际中很难收集到全部数据。

关于创新研究的另一个值得关注的趋势是，利益相关者、社会责任概念（Moses L. Pava，1996；Maggie Jackson，2007）也逐渐被引入到分析体系之内，使得该问题研究的系统性和科学性得到了进一步加强。Nicholas Dew 和 Saras D. Sarasvathy（2007）认为，利益相关者理论和创业创新之间的交叉研究是潜在的十分值得研究的领域。Nicholas Dew 和 Saras D. Sarasvathy（2007）也指出，企业精神和创新是现代社会经济增长和福利增加的主要来源，并构建了一个包括预先承诺、契约和企业家的三维分析框架，认为创业创新在为其他利益相关者创造福祉的同时，也破坏了一些利益相关者的利益。

越来越多的学者将研究发展中国家或者新兴工业化国家的创新作为研究重点，这也是当前科技创新理论和实证研究的新趋势之一。Linsu Kim（2001）在分析韩国企业的技术学习与创新机制时，引入了全球技术、组织机构、企业层面上的主动学习与技术转移等概念框架。Keun Lee 和 Chaisung Lim（2001）将相应的科技创新模式概括为跟随追赶、跳跃式追赶和创造新的技术轨道三种方式。Kim 和 Lee（1997，2001）随后又提出了"逆向 A–U 模型"，认为发展中国家的技术追赶路径是在对引进技术创新的不断积累上最后形成的科技创新能力。Jenny Cameron、Nancy Odendaal 和 Alison Todes（2004）以南非为研究对象分析了集成的区域创新管理问题。Dekkers 和 Rob（2009）在对中国打印机行业的实证研究中发现，一个成功的科技创新需要将创新战略、创新观念、项目产品开发和质量管理以及创新政策等整合起来，这样才能鼓励内生创新，并加速从模仿到创新的过渡。

关于创新的研究，我国学者起步较晚，但随着研究的不断深入，已取得了较大的进展。关于技术创新内涵的界定，我国学者傅家骥在《技术创新学》（1998）中将技术创新定义为：企业家抓住市场的潜在盈利机会，以获取商业利益为目标，重新组织生产条件和要素，建立起效能更强、效应更高和费用更低的生产经营系统，从而推出新的产品，新的生产工艺、方法，开辟新的市场，获得新的原材料或半成品供给来源或建立企业新的组织，它是包括科技、组织、商业和金融等一系列活动的综合过程。科技创新概念的提出与运用有它的历史必然性，是技术创新的深化与发展。目前，在学术界对科技创新的定义还不统一，中国学者周寄中较早地对科技创新及其理论进行了研究，同时也是目前较具权威性的研究。先后出版了《科技资源论》（1999）、《科技转化工程论》（2001）、《科学技术管理创新》（2002）等著作，详细地对当今的科技创新进行剖析。根据他的看法：科技创新包括科学创新和技术创新两个部分，科学创新包括基础研究和应用研究的创新，技术创新包括应用技术研究、试验开发和技术成果商业化的创新。如果从线性过程看，科技创新就是从基础研究到应用研究、试验开发和研究开发成果的商业化的全过程根据《创新学原理和方法——广义创造学》，科技创新包括科学发现、技术发明和技术创新。

此后的一些研究则逐渐突破了单纯的创新概念、特征和类型等方面的基础性研究，而将实证研究提到了突出位置，产生了不少有新意的研究成果。王忠辉、苏永明、李志强（2007）通过定量分析与定性分析相结合的方法，提出了区域科技创新能力的指标评价体系，并运用多指标测度模型和多元统计分析评价模型（主成分分析、聚类分析）对我国科技创新能力进行了实证分析。刘俊杰、傅毓维（2008）在建立创新投入产出指标体系的基础上，运用数据包络分析方法，从地区层面对全国 31 个省、市、自治区的高技术企业创新的有效性进行实证分析。而林佳丽、薛声家（2008）则将研究视角设定在了一个特定区域，运用数据包络分析（DEA）方法中的超效率模型和 B2C 模型，系统分析了广东省 21 个城市的科技创新有效性问题。

概言之，国外关于创新理论和实证相关研究的内容、方法比较广泛，提出了许多具有前瞻性的新概念、新模型，将为本课题研究提供重要的理论和方法支撑。相比而言，国内研究的实践导向和问题导向的倾向更为突出一些，特别是近些年来关于创新能力的评价研究十分活跃。上述研究差异主要源自不同环境下不同国家科技创新的差异。

第三节 企业创新体系

20 世纪 70 年代，在熊彼特的影响下形成了创新研究的"线性范式"，该范式认为技术创新一般经历"发明—开发—设计—中试—生产—销售"等简单的线性过程，但是该范式局限于单个企业内部的技术过程。后来的研究发现，外部的信息交换及协调还有人才、资金等对于企业技术创新都起着重要的作用。所以，创新研究视野从单个企业内部转向企业与外部环境的联系和互动，并成为"企业技术创新是一个系统概念"的雏形。Kline、Rosenberg（1986），Dosi（1988）认为，当创新研究发展到"系统范式",更强调企业与创新环境之间的动态性互动过程时,"创新系统"的概念就会出现。在 20 世纪 80 年代后期,出现了一个从系统的观点来研究技术创新的新思路。

1991 年,Freeman 在"Research Policy"上发表文章,最早使用了"创新体系"的概念,认为创新体系是应付系统性创新的一种基本制度安排,系统构架的主要联结机制是企业间的创新合作关系。并进而把"企业创新视野中的系统构建模式"分为合资企业和研究公司、合作 R&D 协议、技术交流协议、由技术因素推动的直接投资、许可证协议、分包、生产分工和供应商网络、研究协会和政府资助的联合研究项目等。Freeman(1994)认为,在现代社会中,虽然企业是技术创新的主要参与者,但是由于创新所需要的要素日益增多和复杂化,所以相当部分的技术创新并非仅仅靠企业自身就可以完成,还涉及政府、研发机构、中介组织、金融机构、有助于创新的政策体系和制度框架等。OECD 在 1997 年的《国家创新体系》报告中指出:"创新是不同主体和机构间复杂的相互作用的结果。技术变革并不以一个完美的线性方式出现,而是系统内部各要素之间的反馈和相互作用的结果。这一系统的核心是企业,是企业组织生产和创新、获取外部知识的方式。外部知识的主要来源则是别的企业、公共或私有的研究机构、大学和中介组织。"

信任是重要的创新体系治理机制。Ring P. S.(1992)提出,治理结构的选择依赖于信任,并受风险程度的影响。Jones(1997)等人提出网络成员应该自觉协调和维护网络整体功效以达到各方利益的均衡,从而构成网络治理的互动与整合机制。Dyer 和 Nobeoka(2000)具体考察了丰田公司的创新体系及其治理。他们发现丰田公司设计有效的治理结构后,实现了创新体系的治理:①开发了创新体系的知识共享常规;②制定体系构建的"规则",使知识产权属于整个体系而非特定的企业,防止"搭便车"行为;③创造多重的知识共享和一系列子系统,促进创新体系中知识尤其是难言知识的共享。

最早涉及网络系统与技术创新之间关系的研究是美国芝加哥大学著名社会网络学家 Ronald S. Burt,他在 1973 年国家自然科学基金项目（GS-30820）研究成果中指出，在社会网络系统中存在两个过程对技术创新扩散产生显著影响，一个是信息的传播，另一个是社会影响的传递。美国加利福尼亚大学 Teece D. 教授（1986）、丹麦学者伦德瓦尔（Lundvall B.）指出，企业（或组织）之间的交互作用对技术创新起到重要作用。有很多关于创新网络促进技术创新的实证研究。例如，Saxenian（1991）在蒙特利尔会议（《政策研究》特刊）上发表了关于生产体系报告，指出"硅谷的例子说明了企业间的网络是如何分散开发新技术的成本和风险、如何在专业化企业间促进互利的创新"。

国内也有很多学者对企业创新体系相关问题进行了研究。吴贵生（2000）的研究课题成果认为，企业创新体系是不同创新参加者（制造业中的企业、R&D 机构和创新导向服务供应者）的协同群体。他们共同参与新产品的形成、开发、生产和销售过程，共同参与创新的开发与扩散，通过交互作用建立科学、技术、市场之间的直接和间接、互惠和灵活的关系。徐华（2000）提出，中小企业创新体系是指多个中小企业为了获得和分享创新资源而在所达成的共识和默契基础上相互结成的合作创新体系。王大洲（2001）把企业创新体系看作企业创新活动中所有已发生的创新关系，即在技术创新过程中围绕企业形成的各种正式和非正式的合作关系的总体。贾根良等（2003）提出自组织创新体系的概念，他们认为创新网络是由多个创新主体构成的自组织系统，应该充分发挥政府、大学、企业的网络协作的优势，降低创新的复杂性，构建出灵活的网络。一些学者研究了创新体系治理的实践，得到了很多有益的结论。

关于创新体系中利益相关者的地位和关系等问题，杨瑞龙（2000）等人基于交易成本最小化的效率原则，提出应采取不同的合约安排，使内部资源所有者与外部资源所有者共同参与企业治理。王大洲等（2001）通过研究美国硅谷的创新体系治理情况，提出体系是一种介于市场与层级制之间的混合治理方式。他们认为，创新体系在现代高科技产业的发展中发挥着关键作用，企业（而非大学）是创新体系形成的中心组织，不应高估政府在高新技术产业发展中的作用。徐和平（2004）提出，信任可以促进产品创新网络的构建和进化，是产品创新网络中一种重要的治理机制。戴志敏等（2012）从产、学、研合作现有模式现状出发，集中解决利益分配的突出问题，对于信息不对称问题采用动态博弈论方法加以说明，指出"官、产、学、研"各管齐下、协调配合才是建设区域创新体系的关键，以企业为主的系统协同共生创新体系需要高校与科研院所进一步密切合作。

另外，一些学者从企业技术创新体系的关键要素和对策建议等不同角度阐述了自己的看法。陈劲（2000）在其论著《国家技术发展系统初探》中也简单阐述了企业技术创新系统的相关概念与构成要素。他认为，企业技术创新成功的关键是建立与完善企业技术创新系统：首先需要企业家精神与优秀的科技人才；其次要保持不同层次的技术创新机构的平衡与连接，通过加强管理来保持创新链的连接；最后要密切与政府的合作，使企业的技术创新符合政府的中长期战略。因此，他指出，对我国企业而言，企业技术创新的关键因素有企业家精神、研究与发展体系、科学教育与技术培训和政府的合作。

从目前我国有关企业技术创新的研究中我们可以看出，一部分企业没有建立起技术创新体系；许多企业有了自身的技术创新体系，但却存在很多问题，不够完善，如创新投入不足，创新激励不够，创新文化不浓厚等。最终，这些企业面临着被市场淘汰的危险。因此，企业应尽早建立起技术创新体系，更重要的是经常去评价、分析自身技术创新体系的运行能力，找出并解决体系存在的问题。只有不断去完善技术创新体系，企业才能够持续创新，保持强劲的竞争力和永久的生命力。

丁荣昌（2001）在分析了影响企业技术创新体系建立的因素后，指出构建国有大中型企业技术创新体系应该抓好以下几个体系的建设：创新政策支持体系、创新资金保障体系、主体创新体系（包括制度创新、明确支持重点、完善企业内部创新机制）。实际上，这是站在宏观层次上对企业技术创新体系建立进行的研究，没有实际从微观上对企业技术创新体系进行详细研究。胡永铨等（2009）基于全球价值链视角，从企业价值体系、企业创新方式或途径、创新结果等方面，来构建基于全球价值链的企业创新体系，并指出完善该创新体系的努力方向。施放等（2013）在分析浙江中小企业创新环境的基础上，结合国外经验和浙江省省情，构建了由法律政策、行业市场、融资平台、中介服务、社会文化、人才队伍等要素组成的中小企业创新外部支撑体系，并提出了完善中小企业创新外部环境的对策措施。

概而言之，国内外研究现状表明，创新网络中技术创新的主体是企业，主体企业与相关企业、大学、科研机构、政府、金融机构、咨询服务机构、中试基地之间建立一种稳定持久的合作关系，可以完成单个企业无法承担的技术创新，促进了技术创新的实现。这种企业创新活动是现代企业创新资源的重组和创新方式的重大变革，这一变革将深刻影响企业的创新活动。

第四节　产业创新体系研究

产业层面的创新体系研究相对较晚，目前学者普遍认为，20世纪90年代以意大利学者 Malerba 为代表的部门创新体系研究学派，是产业创新体系研究的开拓者和重要贡献者。Malerba 和 Breschi（1997）等人在国家创新体系和技术体系研究的基础上，结合演化论和学习理论，提出了产业创新系统概念。他们认为"产业创新体系包括一组特定产品构成的系统，其中的一系列部门为这些产品的创造、生产和销售提供了大量的市场和非市场的互动"。Malerba 等人的这一定义使现代经济学家能够更好地理解各产业部门的边界、重要参与者、产业的变动以及企业、国家在不同产业中的表现。

基于 Malerba 的研究基础，学者们从不同角度对产业创新体系展开相关研究。在理论探讨方面，比较有代表性的观点如 Breschi 和 Malerba（1997）从产业创新体系分类视角入手，把产业创新体系细分为软件行业、计算机主机行业、机械行业、传统部门以及汽车行业 5 种代表性类型。在此分类的基础上，他们着重分析了创新过程的知识边界和熊彼特创新模式的动力、创新者的地理分布以及不同产业创新体系的技术体制等关键要素对产业创新体系构建的影响等问题。而 Malerba（2005）从产业创新体系模型化角度出发，把产业创新体系划分为知识与技术、行为者与网络以及制度三个模块，通过对不同产业中每个模块的特性观测，提出有效创新发生机制。

关于产业创新体系实证研究方面，获得"欧盟目标社会经济研究计划"（TSER）资助的欧洲产业创新体系项目，是迄今为止与具体产业结合领域开展的研究中最具影响力的一项研究。该项目的总体目标主要包括四个方面：首先，构建一套有效的产业创新体系研究方法；其次，对欧洲的六个主要产业创新系统的功能及其演化作全面分析并加以理解；再次，对影响前述六个产业部门欧洲绩效的决定因素进行深入研究；最后，在前面三大目标研究的基础上总结发展新的政策选择。Cusmano 等（2008）以不同产业创新体系的比较作为切入点，采用经验比较方法，调查了影响智利及意大利同南非国家葡萄酒产业创新体系的关键维度，并识别引致新进入的制造者实现赶超的主要因素。研究认为，产业创新体系理论为解释沿不同维度协同进化的产业轨迹以及新兴制造国家中的追赶经验，提供了一个有用的分析框架。

我国关于产业创新体系的研究始于 1999 年，主要集中在产业创新体系的概念和产业创新体系构成两个方面。如张凤和何传启（1999）率先提出了产业创新体系的概念，他们认为，产业创新体系是参与产业相关的知识创新和技术创新的机构和组织共同构成的网络系统，这些机构和组织既包括本国的又包括国际的，其活动或行为的目的都是为了促进和提高产业的创新能力和产业的竞争力。随后，柳卸林（2000）在《21 世纪的中国技术创新系统》中指出：产业创新体系是对网络关系的确认，其中网络节点由生产链上的关联企业、知识生产机构、中介机构以及顾客等要素共同构成，而节点之间的互动关系主要由以技术或网络联结特点等分类的企业和部门之间的相互联动呈现，贸易流动、知识流动等是节点之间的主要联结方式。产业创新体系中的创新机会同网络节点的数量以及各网络节点之间互动程度紧密相连，一般是联结的网络节点越多，则知识流动或者贸易流动就越频繁，那么产业创新的机会也就越多。陈劲（2000）也认为，国家创新系统是由许多产业创新系统构成的，可将国家创新系统的概念应用到产业中，通过推动主要创新源之间的协作和信息流动，加强产业的竞争能力。张治河（2003）也把产业创新体系定义为网络体系，市场需求是其动力，政策调控是其向导，良好的国内外环境是其保障，创新性技术供给是其核心，实现特定产业创新是其目标。

在明确产业创新体系概念的基础上，柳卸林等人分别从产业创新体系的分类、模型、不同类型创新体系的对比以及结合具体产业进行分析等多视角对产业创新体系进行相关研究。如柳卸林（2000）把产业创新体系划分为四大类：一是传统的分包契约型；二是模块组装型；三是复杂产品型；四是以技术为基础型。在此分类基础上，以中国造船业技术创新为例对模块组装产业创新系统进行了分析。随后，张治河（2003）基于产业创新体系的研究框架，分别对"武汉·中国光谷"的龙头企业，武汉邮电科学研究院的相关技术系统、企业发展、产业联系以及政策系统进行了分析。张治河（2003，2006）将技术系统引入 Rothwell "创新过程与政策工具的作用"模型，并创造性地把评价系统也加入模型中，构建了产业创新体系模。Cheng（2005）在探讨海峡两岸 ICT 产业发展战略的基础上，初步建立了基于全球化发展战略的 ICT 产业创新体系。张治河和谢忠泉（2006）运用产业创新体系理论对我国钢铁产业的创新与发展问题进行分析，提出了基于当前我国的经济背景和技术水平保障我国钢铁产业健康发展的管理措施。李春景和曾国屏（2006）基于产业创新体系的视角，从创新体系研究的演变出发，分析了创新研究从工业范式到服务范式的发展过程，在此基础上构筑出基于知识密集型服务活动的服务创新系统模型，并探讨了服务创新系统在更高层面创新系统中知识生产、扩散与利用中的地位和作用。周桂荣和徐作君（2007）从区域发展的基础条件、目标定位及产业发展特征等维度，比较了天津滨海新区、深圳与浦东三地产业发展，在此基础上，提出了构建天津滨海新区区域产业创新体系的具体对策。张文杰（2008）从产业创新体系的视角，通过探讨印度制药业成功的经验，认为"印度模式"对我国制药业的发展具有重要借鉴作用。赵一鸣等（2012）从产业技术创新联盟的实践出发，定义了产业创新体系的内涵，用网络结构的分析框架剖析了产业创新体系的特征，将其形成过程归纳为横向联合、纵向联合、竞争与合作三个阶段，针对不同阶段，从形成原因、创新主体之间相互作用的方式等方面对产业创新体系的形成机制进行了阐述。

总之，目前国外学术界对产业创新体系的研究无论是理论方面还是实证方面都已形成一套基本的研究框架和方法，而且目前针对产业创新体系的研究分析也正处在一个良好的发展阶段。但是鲜有学者基于产业科技创新体系角度去研究创新对经济转型的驱动机制。总结国内学者在产业创新体系概念和构成等方面的研究，可以看出，目前国内学者对产业创新体系的含义和结构构成等方面的认识还没有形成一致的看法，针对产业创新体系的应用研究也仅仅局限在少数地区和少数行业领域内，其理论研究和应用研究都有待于进一步深入和推进。

第五节　区域创新体系

区域创新系统（Regional Innovation System，RIS）自 1992 年由英国的 Cooke 提出后就成为区域研究热点，有关区域创新系统理论与实证的研究文献不断涌现。学者们普遍认为，区域创新体系是研究创新系统的中观视角，也是联系宏观（国家创新系统）和微观（企业创新系统）视角的重要纽带。

目前，国外关于区域创新体系的研究主要集中在区域创新体系的结构、创新模式、创新能力评价以及创新环境等方面。区域创新体系的结构研究是区域创新系统研究的核心内容之一，这一领域的研究主要是借用国家创新系统研究的成果。Andersson M. 和 Karlsson C.（2002）从构成要素角度概括了区域创新系统的结构，包括进行创新产品生产供应的生产企业群、进行创新人才培养的教育机构、进行知识创新与技术生产的研究机构、对创新活动进行金融、政策法规约束与支持的政府机构和金融、商业等创新服务机构。Asheim 和 Isaksen（2002）认为，区域创新体系包括两种类型的主体：一类是集群中的企业及其支撑产业，另一类是制度基础结构。

Cooke（1992）认为，区域创新体系的创新发展模式有三种：①自主创新发展模式。区域通过自己的探索与努力，逐步成为具有自身特色并相对领先的创新型区域。②模仿创新发展模式。区域向已经成功的创新型区域学习，结合自身的特点模仿其发展过程中的合理部分，以期形成具有竞争力的创新型区域。③合作创新发展模式。区域与其他区域进行合作，通过资源整合和优势互补，壮大整体的竞争力，实现向创新型区域的转变。

众多学者围绕区域创新能力评价问题展开研究，对区域创新能力综合评价指标体系的构建进行了探讨。如 Nelson（1993）构建了包括研发经费来源、大学作用、研发经费配置、支持和影响创新的政府政策等主要指标的区域创新能力综合评级指标体系；Furman 和 Hayes（2004）构造的区域创新能力评价指标主要包括产业集聚的创新环境、科技与产业间的联系程度、创新的基础设施状况等。欧盟与联合研究中心（Joint Research Centre）构造了一套由五大类（创新驱动、企业创新、知识产权、知识创造和技术应用）26 个指标构成的欧盟创新能力综合评价指标体系。

Damanpour 和 Gopalakrishnan（1998）从区域创新环境的不同层次开展了对创新环境动态过程的研究，并对创新环境与区域内企业相互作用的问题和区域整体创新环境的优化等问题进行了研究。Doloreux（2008）等对加拿大偏远地区的区域创新体系进行研究，认为偏远地区虽然与发达地区的创新环境不同，但同样可以产生和发展区域创新体系，偏远地区的创新体系也受到当地制度、习俗和规范的影响。Mikel 等（2010）用知识生产函数对欧洲区域创新系统的影响因素进行实证分析，发现国家环境、区域环境、创新企业、大学和公共研发活动对区域创新能力均有显著影响，其中区域环境影响力最大。

20 世纪 90 年代末，区域创新体系的概念被引入我国。国内学者对区域创新体系的研究主要集中在区域创新体系的内涵、区域创新体系的关键要素、区域创新体系的职能、区域创新的演化过程，以及具体区域创新体系的实证分析上。刘曙光、田丽琴（2001）综合国内外对区域创新体系的研究，将区域创新体系的内涵概括为：具有一定的地域空间范围和开放的边界；以生产企业、研究与开发机构、高等院校、地方政府机构和服务机构为创新主要单元；不同创新单位之间通过关联，构成创新系统的组织结构和空间结构创新单元通过创新（组织和空间）结构自身组织及其与环境的相互作用而实现创新功能，并对区域社会、经济、生态产生影响；通过与环境的作用和系统自组织作用维持创新的运行和实现创新的持续发展。

胡志坚、苏婧（1999）认为，区域创新系统的构成要素包括：主体要素，即创新的行为主体，有企业、大学、科研机构、中介服务机构和地方政府等；功能要素，有制度创新、技术创新、管理创新和服务创新等；环境要素，即创新环境，包括体制、机构、政府或法制调控、基础设施建设和保障条件等。

王鲁成（2000）认为，区域创新系统有协调、催化、化险、解惑功能。总的来说，区域创新体系作为一个动态开放系统，其基本功能在于交流，并在交流中创新，最后归结为促进、保障区域经济和社会的持续发展。刘曙光（2002）认为，区域创新系统可以整合区域创新要素，激活中小企业，发展高新技术产业，促进科技成果转化，加快传统产业改造和推进制度与机制创新。陈柳钦（2006）认为，区域创新系统建设可为创新提供更多更大的空间，为地方政府推动经济工作提供新的模式，可发挥所有人的创新积极性。

张敦富（2001）、刘曙光等（2000）认为，区域创新系统的演化过程分四个阶段：①创立孵化阶段。政府单独推动区域内各种要素的创新，形成创新雏形。②成长阶段。企业与大学和科研机构之间的联系加强，中介机构得到发展，政府和市场多元主体共同推动区域的技术创新。③成熟阶段。市场主导区域内的创新活动，区域环境与区域创新主体之间形成相对稳定的状态。④创新衰退或持续创新阶段。区域的整体创新能力不断下降，创新产出逐渐减少。对于区域创新系统建设模式及相关的实证研究主要是从产业集群的观点入手，认为区域创新系统与产业集群由于存在地域、结构、功能和目标等多项联系，二者存在必然的联系。

朱清海等（2004）认为，区域创新体系的有效运行会导致空间集聚，加速形成产业集群，而产业集群作为一个创造和扩散知识的体系，从本质上讲是一种"区"。国外关于区域创新体系的研究主要集中在区域创新体系的结构、创新模式以及创新环境等方面。

国内学者也对区域创新能力评估指标的构建进行了研究。如朱海（2004）构建了包括网络创新能力、企业创新能力和创新环境的评价指标体系，并指出构建区域创新能力评价指标的依据和原则。党文娟（2008）采用计数模型分析了创新环境对区域创新能力的重要影响，认为市场化程度越高的地区，其区域创新能力越高。中国科技发展战略研究小组在《中国区域创新能力报告（2005~2006)》中将区域创新能力指标体系分为知识创造、知识获取、企业创新能力、创新环境和创新经济效益5个方面。詹湘东（2008）从知识管理的角度分析了区域创新系统存在的问题，并给出了区域创新能力的模糊综合评价模型。肖智和吕世畅（2008）基于微粒群算法对我国八大经济区域的自主创新能力进行了评价分析。赵希男（2009）运用个性优势特征的分析方法对我国31个省级区域创新能力进行了分析和评价。目前，学者们使用的区域创新能力评价主要是借用国家创新系统研究的成果。评价方法主要有层次分析法、结构方程模型分析法、灰色关联分析法、主成分分析法、模糊综合评价法、神经网络分析法等定性与定量的方法。

综观国内外学者对区域创新体系的研究可知：

在研究内容方面，大多数文献针对区域创新系统的某个层面（如区域创新系统的创新能力、效率、环境、成熟度等）展开研究，但要想从整体上认识区域创新系统的自组织演化规律，需要扩大时空范围，如此才能辨识其整体运作的特性。研究方法方面，在定性分析居多，定量分析较少。在区域创新系统的演化过程中，通常存在稳定性和非稳定性两种相反的属性或力量。非线性相互作用是区域创新系统具有复杂性的根源，而利用传统的线性分析方法无法全面分析区域创新系统的分形的形态结构。同时还可看到，注重区域创新系统的宏观、中观和微观层面之间的双向反馈，强调人机集成、主体行为规则分析与数理的综合集成的计算实验方法，在现有文献中还很少见到。

在研究框架方面，目前区域创新系统研究的清晰框架尚未形成。众多学者只是从各自的研究层面展开研究，并未形成统一的框架体系，因此研究方法和研究内容呈现出不同的表现形式，各自的研究结论也往往一致，甚至互相矛盾。

在研究内容、研究方法以及研究框架等方面存在的这些缺陷，也正是进一步研究需要加深与扩展的内容。

第六节　创新政策

提升创新能力离不开政府的战略导向作用和行之有效的政策。Robert Owen、Alfred Ntoko、Ding Zhang 和 June Dong（2002）就曾指出，公共政策可以促进创新，建立有利于创新的全社会的、竞争性的、技术的基础设施。国外关于自主创新的政策研究包括如下几个方面：

（1）政策效果评价。许多国家将政府资金集中用于共性技术、关键技术和重大技术的开发，重点解决国家、行业和区域经济社会发展中的重大科技问题。2010 年 2 月，英国发布的《促增长——英国未来繁荣》战略称，为促进经济增长，战略投资基金将投资 75000 万英镑。但是，这些政策产生了何种效果，一直是学者们争论不休的热点问题。Sang-Chul Park（2001）研究了日本的国家和地区性的技术创新政策。他分析了日本以国家为中心的科技园区的建设，研究日本国家科技园区对于推进国家重大科研项目的作用。Christian Rammer（2006）研究了近几年来美国、日本、德国、英国、法国和芬兰的技术创新政策。他发现自 2000 年以来，除了德国，其他几个国家都加大了科研投入占国家 GDP 的百分比。其中，生命科学和军事科技投入增长最快。同时，Christian Rammer（2006）还指出，越来越多的国家增加税收优惠，鼓励私人企业开展技术创新。Russo、Benjamin（2009）的研究结果表明，内生创新条件下的应税收入弹性大大高于外生创新条件下的，资本所得税率的变化可以推动创新向更高层次发展。Tuomas Takalo 和 Tanja Tanayama（2010）研究了政府直接补贴对于企业创新的影响发现，在一定条件下，公共研发补贴可以减少技术型创业公司的融资约束。

（2）知识产权政策。很多国家采取了支持自主创新的知识产权政策，不断修改完善知识产权制度，强化国际标准化战略，出台反垄断法。Robert F. Lanzillotti（2005）做了相关方面的研究。他分析了公共政策如反托拉斯政策和美国烟草行业产品创新的关系。Gilles Koléda（2008）分析了专利政策对于技术创新的作用。他提出降低专利中的新颖性要求，以激励和促进创新活动。Islam 和 Faheem（2008）研究全球经济下，商标假冒活动对于内源性创新的影响。他们提出最优的知识产权政策，特别是商标保护政策，重点在于投入生产或研究开发的稀缺资源的分配；并提出一个介于充分保护和完全没有保障之间的地方福利最大化的理论模型。

（3）创新政策的国家差异。对于加快自主创新的政策，各国和各地区往往存在差异。DIW 柏林国际会议（2004）提出地区因素在企业创新中起到十分重要的作用，不同地区之间的差异显著的影响当地企业的创新能力。因此，各地区应制定不同的创新政策，提出更有地区针对性的措施支持本地区企业开展创新活动。Agustí Segarra-Blasco、Jose Garcia-Quevedo 和 Mercedes Teruel-Carrizosa（2008）根据 2004 年西班牙加泰罗尼亚区所属的 2954 个制造业和知识密集型服务业公司的信息，分析了企业的创新决策和阻止它们创新的因素之间的联系，从而为今后公共政策设计提供帮助，促进企业创业和创新。Chihiro Watanabe（2009）指出，日本经济腾飞与良性的技术创新循环有关。技术创新对于经济的刺激作用也进一步诱导其体制创新。因此，日本构建了一个复杂的技术创新和体制之间的协同进化的系统。

国内学者对科技创新政策的研究主要集中在政府的财政政策的绩效方面。谭开明、王宇楠（2010）认为，政府的财政政策主要通过科技投入、政府购买和税收优惠等手段，直接或间接增加企业创新的边际收益，影响企业创新的内部诱因和改善技术创新的外部环境。邓毅

（2007）指出，政府采购及其传导机制对财政支出推动自主创新的经济、效率、有效性具有重要的作用。张钦红、顾晓雯（2010）认为，支持自主创新的两阶段，政府采购政策更易于甄别出企业的创新能力，进而提升政府采购资金的使用效率。曲顺兰、路春城（2007）指出，税收政策对企业创新能力也具有扶持和激励作用。匡小平、肖建华（2007）则强调通过税收优惠目标、优惠方式与优惠重点三方面的整合能够促进企业创新能力的提高。但是，在张明喜（2009）看来，个人所得税优惠以及对加强产学研合作的企业所得税支持有待增强，税收优惠绩效评价机制亟待建立。姜竹、王雪坤（2012）结合财政科技创新投入运行现状及其政策措施效果的面板数据的回归模型，也认为科技创新体系建设的财政政策存在现实性约束。

部分学者通过对国际上典型创新型国家支持科技创新的政策进行比较，来分析中国的科技创新政策存在的问题及完善的方向。郭上沂（2007）通过对美国、欧盟、日本和法国等国家的科技创新政策研究，认为政府的行政和法律体制建设、财政政策以及金融体系和教育体制等都对中国科技创新能力的提升具有重要的作用。席鹭军（2010）针对创新型国家科技创新的财税政策进行研究，指出我国应该强化对科技创新的各个阶段进行财税政策的扶持。谭开明、王宇楠（2010）认为，财税政策的重点应该强调"完善以企业为主体，产学研相结合的创新政策体系"的建设。赵敏（2012）在国外科技政策比较分析的基础上，提出了构建我国区域科技创新体系的若干思考以及政策建议。

另有一些学者从政府创新政策失灵的角度阐释创新政策的经济合理性。邓练兵（2010）认为，创新产品的外部性以及不确定性是科技创新政策产生的根源，政策的作用在于矫正创新成本和收益成本的扭曲现象，以使创新者形成合理预期，激发创新行为，但创新政策也可能因为存在效率损失及受其他政策目标制约等原因而产生失灵现象，创新政策的有效范围应该在"市场失灵"和"政策失灵"之间。

还有一些学者从公共政策完善的角度展开讨论。冯晓青（2013）指出，科技创新体制、知识产权公共政策等与我国科技创新体系的构建和完善、科技创新能力的提升之间具有十分密切的联系，我国应不断完善科技创新体制，尤其是建立激发企业创新热情的科技管理体制及构建和完善知识产权公共政策。

毫无疑问，上述政策分析将为我国科技创新政策体系设计提供许多有益的参考和借鉴。国内外相关研究成果在为本书研究提供重要理论、方法和实践支撑的同时，也为本书研究提供了许多新的探索空间。例如，如何构建一个符合我国国情的科技创新支撑体系，如何创造一种环境让不同利益相关者围绕一定目标实现创新资源配置的最大化，同时又将全面社会责任贯穿于科技创新过程的各个环节和模块，建设一种新型的科技创新体系，为我国持续经济发展提供动力。这些问题的解决将构成本课题研究的重要目标指向。

第二章　经济发展方式转变与技术创新

面对日益严峻的资源、能源和环境约束，以及经济自生发展、内生增长的要求，强化自主创新，走新型工业化道路，建设创新型国家，已经成为加速我国经济发展方式转变的战略路径。经济发展方式转变的关键在于大力发展创新与经济融合的新型经济。目前，我国逐渐完善的自主创新体系为促进经济发展方式转变创造了基础性条件，亟须充分释放自主创新促进经济发展方式转变的基本力量，改革开放30多年来，中国经济一直保持着高速增长态势，是世界上经济增长速度最快的国家之一，已经成为世界经济发展的重要引擎。但高速增长的背后存在隐忧，"高投入、高增长"的经济增长方式是否能够长久维持？特别是在2008年世界金融危机的背景下，我国也面临着日益严峻的资源、能源和环境约束，以及日趋突出的贸易保护主义等诸多问题。传统的依靠资金、资源高投入、高消耗的增长模式难以为继，必须要找到一条适合中国国情又能发挥中国比较优势的发展之路。转变经济发展方式必须坚持自主创新，走新型工业化道路，建设创新型国家。

第一节　经济发展方式及其转变

一、经济发展方式内涵

经济发展，既是世界上绝大多数国追求的最基本目标，也是一个内涵复杂的社会问题。经济健康可持续发展可以促进经济总量增长，提高人民收入水平，改善社会福利，提高国家国际地位。经济快速健康发展是一个国家、地区整体发展的最基础要素。但经济发展并非单纯的经济概念，它涉及社会、环境、文化等诸多方面的综合体。经济增长是经济发展的重要方面，但经济发展并不完全等同于经济增长，而经济增长的稳定、持续和与社会问题的协调、寻求最大的社会福祉才是经济发展的终极目标。国家经济发展具有明显的阶段性，不同国家、地区经济发展与经济地位此消彼长最根本的原因，在于把握经济发展方向，及时运用新的增长方式代替旧的方式，不断推动经济发展的升级。日本第二次世界大战后的迅速崛起、亚洲"四小龙"的腾飞以及美国抓住信息时代的脉搏迅速转向，重新确立全球经济霸主地位。发达国家的每一次经济此消彼长，都伴随着经济发展方式的转变。

经济发展方式是在科学发展观中所提出的，并作为未来我国经济发展模式选择的重要指导方针确定下来。但国内外很少有经济学家系统地针对经济发展方式进行研究，对经济发展方式转变的内涵、转变的模式、路径等方面深入研究较少，就经济发展方式的内涵而言，不同的学者从不同的方面给出了不同的解释。

库兹涅茨（S. Kuznets）认为："经济增长是指人均或每个劳动者平均产量的持续增长，绝大多数增长常伴随着人口增长和结构的巨大变化。"① 库兹涅茨对经济结构变化的解释包含了产业结构、就业结构、人口结构、收入分配结构、需求结构、经济活动的空间结构等。这种提法就比一般意义上的经济增长内涵丰富，趋近经济发展方式的基本内涵。

国内学者骆希干（2008）认为："经济发展方式是实现经济发展的方法、手段和模式，其中不仅包括经济增长方式，而且包括结构（经济结构、产业结构、城乡结构、地区结构等）、运行质量、经济效益、收入分配、环境保护、城市化程度、工业化水平以及现代化进程等诸多方面的内容。"② "经济发展方式是指经济系统由当前状态向理想状态

---

① 西蒙·库兹涅茨. 现代经济增长：速度、结构与扩展 [M]. 北京：北京经济学院出版社，1989.
② 骆希干. 中国经济发展方式转变及其自主创新支持 [D]. 西北大学硕士学位论文，2008.

或目标状态进化需要遵循的规范，包括发展的动力、结构、质量、效率、就业、分配、消费、生态和环境等因素，其内涵比经济增长方式更广泛、更深刻。我国经济发展必须更好地服从和服务于社会主义现代化建设四位一体的总体布局，必须更好地促进政治建设、文化建设、社会建设和人的全面发展。"①

宋立（2011）从经济发展方式与经济增长方式关系、经济发展模式与发展机制、发展绩效与发展方式评价三个不同视角，对经济发展方式内涵进行了理论分析。

第一，从经济增长方式的视角来看，他认为："经济增长是通过生产要素组合形成现实生产力的过程，主要表现为经济总量的扩张。而经济发展则包括经济增长，以及结构优化、技术进步、制度变迁，社会进步与社会公平以及环境改善等多个层次的丰富内涵。经济发展不仅要实现经济持续快速增长，更要优化经济体制，推进技术进步和经济结构优化升级，以便在经济总量扩张的同时，实现发展质量提升和发展阶段深化，以及经济发展与社会发展、环境改善、文化繁荣以至政治文明等的协调互动等任务。"

第二，从经济发展模式与发展机制视角而言，发展模式是比较导向的概括性、描述性概念，相对难以政策化并加以操作。而发展方式则是问题导向的分析性、解构性范畴，可以分解为资源配置模式、动力机制等方面内容，既能够反映总括性特征，又能深入到经济发展的内在机理，具备更多可操作性。而从发展机制的角度来看，经济发展方式可以从资源配置模式、动力机制等主要方面来理解，同时又具有一定的结构性特征，形成要素组合、经济结构与动力机制的组合特征和联动关系。

第三，从发展绩效与发展方式评价的角度来理解，经济增长方式是经济总量扩张单一目标约束下的生产要素组合方式，因此，评价经济增长方式可以主要用增长速度及效益指标来衡量，在引进时间因素的情况下，可以同时考虑经济增长的持续性等问题。经济发展方式是

---

① 周叔莲，刘戒骄. 如何认识和实现经济发展方式转变 [J]. 理论前沿，2008（6）.

在多重经济、社会和环境目标约束下的生产要素组合方式，评价经济发展方式的优劣好坏，除了经济发展速度和效率指标之外，还需要考虑结构、社会、环境以及文化、政治等多种因素的要求，以便检验经济发展绩效是否满足多目标约束的要求。①

蒋志华等（2010）认为，经济发展方式是一个国家或地区一定时期内实现经济发展的方法、手段和模式，既包括生产、分配、交换和消费等环节的一个大系统的共同协调发展，也是包括经济、政治、文化、社会、生态环境"五位一体"的全面协调可持续发展。他按经济发展方式实现发展的程度不同，将经济发展方式分为传统经济发展方式（以粗放型经济增长方式实现的发展，是跛脚的发展状态）和现代经济发展方式（以集约型经济增长方式实现的发展，是全面、协调、可持续的发展）。传统经济发展方式是在传统发展观（主要是以眼前GDP增长论英雄）的指导下，只注重生产环节创造的物质成果，以粗放型经济增长方式实现的发展，是跛脚的发展状态。其主要特征有：发展的观念陈旧；发展目标单一；发展模式陈旧——农业经济发展、二元经济发展模式；发展不平衡（结构、区域、城乡）；发展的不协调（经济与社会、经济与环境）；发展质量不高等。现代经济发展方式是在科学发展观（持续、稳定、健康的"可持续发展"）的指导下，既注重生产环节创造的物质成果，又考虑分配、交换、消费等环节共同协调发展创造的各类成果，主要以集约型经济增长方式实现的全面、协调、可持续发展。其主要特征有：发展的观念更新；发展目标多层次（经济增长只是一个重要的目标，结构目标、资源环境发展目标、社会生活目标等）；发展模式创新——新经济发展模式、循环经济发展模式；平衡、协调高质量的发展等。②

---

① 宋立. 经济发展方式的理论内涵与转变经济发展方式的基本路径 [J]. 经济管理研究，2011（4）.
② 蒋志华、李庆子、李瑞娟. 转变经济发展方式的内涵及相关范畴研究 [J]. 经济研究导刊，2010（6）.

二、经济发展方式转变的理论基础

（一）经济增长理论

经济增长理论一直是经济学的一个核心问题，从凯恩斯主义后，经济学的研究由微观的研究转向宏观经济学的研究，哈罗德—多玛模型（1933~1956 年）把资本产出率、储蓄率、就业等问题纳入到经济增长研究中；索洛模型则在传统的经济增长模型中加入了技术进步要素，进一步完善了经济增长理论。以后对于经济增长理论的研究多从计量、实证的角度，但大多没有超出以前的基本理论。而后，随着发展中国家经济的崛起，大量经济增长的研究以发展中国家为对象，以后发国家经济追赶、经济发展周期为研究视角。发展经济学通过对发达国家经济发展经验的总结，提出加快经济增长速度，是发展中国家逐步缩小与发达国家差距的有效手段，也是发展中国家实行现代化的必由之路。其主要观点：工业化是一个国家或者地区经济活动和现代化建设的中心内容，经济增长是一个国家或者地区发展的首要标志，GNP 的增长是衡量一个国家或者地区经济发展的主要甚至是唯一标准。所以，推行非均衡的发展战略；实行大量消耗自然资源和生产要素的外延增长方式；仿效西方发达国家"先增长后治理"的环境路线；仿效发达资本主义国家采用的先增长后分配的做法，重视增长效率，忽视社会公平。[①]

以经济增长为核心的发展模式，对促进经济增长和迅速积累财富起到过积极的作用。但是，单纯的经济增长并不能体现社会结构的完善和收入分配的改善，不能反映技术进步的变化，无法给人们带来所期望的福祉，出现了高增长下的分配不公平、地位不平等、两极分化严重、社会腐败加剧、环境严重污染和生态不断破坏，形成了"有增长无发展"、"无发展的增长"的局面，也在理论上深刻阐明了经济增长和社会进步是不能画等号的。美国发展经济学家罗斯托（W.W. Rosto）和刘易斯（W.A. Lewis）对早期发展经济学的这种发展方式作

---

① 詹宏伟. 当代国外发展观的演进述评 [J]. 毛泽东邓小平理论研究，2008（3）.

了很好的说明。罗斯托（W.W. Rosto，1960）在《经济成长的阶段——非共产党宣言》中指出，目前他所关心的只是经济增长而不是其他。刘易斯（W.A. Lewis，1955）在《经济增长理论》中说，他的兴趣不在于分析分配，而在于分析增长。显然，这种单纯的经济增长发展观没有把"发展"和"增长"两个概念区别开来，它把发展和进步视同为经济增长，把社会发展仅仅归结为 GNP 的增长。[①]英国学者杜德利·西尔斯（Dudley Seers，1969）在《发展的含义》中首先指出，增长和发展是两个不同的范畴，增长仅仅是物质量的增长，发展则包括一系列社会目标。[②]

（二）公平发展理论

公平发展论是针对经济增长论将发展等同于经济增长，严重忽视社会公平和无力解决贫困问题等缺陷提出的。由于按照 GNP 和人均GNP 衡量的"发展"没有惠及人们的日常生活，就业问题、贫困问题和分配不公平的状况无法得到改善，导致对经济发展理解的片面。20世纪 60 年代后期至 70 年代，出现了一股否定单纯追求经济增长的潮流，认为发展应该充分考虑人均 GNP 的增长与失业、贫困和不公平等社会问题改善的关系。杜德利·西尔斯（Dudley Seers，1969）在《发展的含义》中指出："对一个国家所提出的问题：贫困问题已经并正在发生哪些变化；失业发生了哪些变化；不平等又发生了哪些变化；如果这三方面都从过去的高水平降下来了，对于这个国家而言，它无疑处于一个发展时期。如果这些中心问题的一个或两个方面的状况继续恶化，特别是三个方面都越来越糟糕的话，即使人均收入倍增，把它叫做'发展'也是不可思议的。"[③]这种发展理论凸显了经济增长理论忽视的公平分配和贫困问题，对于完善发展理论具有积极的促进作用。但是其对"国民生产总值"持有完全否定的态度具有片面性。另外，

---

① 罗斯托和刘易斯的观点转引自王雨辰，刘伟林. 经济发展观的演变与经济发展的合理性问题初探 [J]. 经济问题，1999（9）.

② 杜德利·西尔斯. 发展的含义 [C] // 罗荣渠. 现代化：理论与历史经验的再探讨 [M]. 上海：上海译文出版社，1993.

③ [美] 迈克尔·P.托达罗. 经济发展（第六版）[M]. 黄卫平，彭刚等译，北京：中国经济出版社，1999.

这种发展理论对发展的认识仅仅限定在经济领域内部，只涉及就业、收入和分配问题。因此，这种发展理论还有待于进一步完善。[①]

（三）综合发展理论

20 世纪 70 年代以后，人们对发展的认识有了新的变化，认为发展不等同于单纯的增长，而是经济社会各方面综合协调发展的系统工程。美国学者托达罗在《经济发展与第三世界》中指出："应该把发展看作为包括整个经济和社会体制的重组和重整在内的多维过程。除了收入和产量的提高外，发展显然还包括制度、社会和管理结构的基本变化以及人的态度，在许多情况下甚至还有人们习惯和信仰的变化。"[②]法国学者高唯智强调，发展是集科技、经济、社会、政治和文化，即社会生活一切方面的因素于一体的完整现象。1983 年，法国学者弗朗索瓦·佩鲁（Francois Perroux）受联合国委托，在《新发展观》中提出了整体的、综合的和内生的新发展理论。[③]综合发展论是发展理论演变过程中的一个飞跃，它将人与人、人与环境、人与组织、组织与经济的合作作为新的发展主题，把发展看作是以民族、历史、文化、环境、资源等内在条件为基础，包括经济增长、政治民主、科技水平、文化观念、社会转型、自然协调、生态平衡等各种因素在内的综合发展过程。这种发展论的局限性在于兼顾了发展的多个因素，但却忽视了发展的基础和重点，所以使得这一理论从一个极端跳到了另一个极端。另外，综合发展论只是强调各种因素之间当代发展的综合协调，而没有考虑到后代的发展空间问题。

（四）可持续发展理论

可持续发展的概念是在 1980 年 3 月的联合国大会上首次提出的，随后这个概念逐渐在更多的官方文件、文章中使用。1987 年，联合国世界环境与发展委员会在《我们共同的未来》研究报告中，首次清晰地表达了可持续发展论，即"可持续发展是既满足当代的需求，又不对后代满足需求能力构成危害的发展"。1992 年，在巴西里约热内卢

---

① 詹宏伟. 当代国外发展观的演进述评 [J]. 毛泽东邓小平理论研究, 2008 (3).
② ［美］托达罗. 经济发展与第三世界 [M]. 北京: 中国经济出版社, 1992.
③ ［法］佛朗索瓦·佩鲁. 新发展观 [M]. 张宁, 丰子义译, 北京: 华夏出版社, 1987.

召开的联合国环境与发展大会上，通过了《里约热内卢宣言》和《21世纪议程》两个纲领性文件，它标志着可持续发展论被全球持不同发展理念的各类国家所普遍认同。可持续发展的核心观点包括三点：一是肯定发展的必要性，认为只有发展才能使人们摆脱贫困；二是强调发展与环境的辩证关系，认为发展与环境保护之间是相互影响相互制约的；三是以公平看待发展，揭示了发展的代际公平与代内公平。

可持续发展论强调用未来的发展规范现在的行动，使发展成为在今天是现实的、合理的，同时又能使明天的发展获得可能的空间和条件。可以说，可持续发展就是为未来发展创造条件的发展。但是，这种发展论没有顾及人的全面发展问题和协调发展问题。阿马蒂亚·森（Amartya Sen）认为，这种发展论对发展内涵的理解还是不够全面。[①]

三、经济发展方式转变

转变经济发展方式，就是要改善不利于经济进一步健康发展的限制因素，努力适应经济发展过程中出现的新情况、新要求。我国30多年来的改革开放，经济发展取得了举世瞩目的成就，但随着经济改革的深入，一些限制经济发展的因素也逐渐显露出来，有些问题还很严重。比如工业生产中的高污染、高能耗，居民收入差距不断加大，城乡发展不协调，区域发展不平衡，经济发展与资源环境失衡，国内与国外结构失衡，等等。经济发展过程中出现这些问题的原因是多方面的，就我国的情况而言，以往的发展模式过于盲目地追求速度的增长，"GDP"崇拜普遍存在，许多地方政府受此影响，片面追求 GDP 增长速度，缺乏符合经济发展规律的科学论证，忽视经济发展过程中的经济结构、环境、资源等问题。迈克尔·托达罗（Michael P. Todaro）指出："发展必须既包括经济加速增长、缩小不平等状况和消灭绝对贫困，也包括社会结构、民众态度和国家制度的重要变化的多方面的过程。从本质上说，发展必须体现变化的全部内容。通过这种变化，整

---

① Amartya Sen. Why We Should Preserve the Spotted Owl [J]. London Review of Books, 2004, 26 (3): 4–44.

个社会制度顺应制度内个人和社会集团的多种多样的基本需要和愿望，从广泛被认为不满意的生活条件转变为在物质和精神两方面都被认为更好一些的生活条件和状况。"①

（一）经济发展方式转变内涵

随着近些年国内对转变经济发展方式研究的增多，对其内涵的解释也比较多。黄泰岩认为："经济发展方式转变的内涵，不仅仅指从粗放增长向集约增长的转变或从外延增长向内涵增长的转变，还应该包括向发展目标多元化、经济增长的质量和效益并举、以人为本、经济结构全面优化、知识经济条件下的发展方式、建设资源节约型、环境友好型社会等基本转变。"②

经济发展方式的转变需要一整套目标体系来匹配，经济结构优化程度、公平分配和消灭贫困程度、资源和环境对经济发展承载程度和减少失业的程度等都可以用来考察经济运行情况。改革开放以来，国民经济取得了巨大进步，经济总量虽然已经跃居世界第二位，但只是经济大国，还称不上世界经济强国，转变经济发展方式是我国经济由大到强的必经之路。"以人为本"是这一发展转变的核心，当今世界的竞争，归根到底是人才的竞争，经济发展的初始阶段依靠更多的是资源、廉价劳动力、技术转移等物质资本。但随着发展的深入，各种瓶颈逐渐显现，为了推动进一步发展，知识逐渐取代物质成为经济发展的核心要素。在以人为本的转变中，要体现出人力资源在经济发展中的地位和作用，发挥知识和创造性劳动对创造价值的决定性作用。③经济结构全面优化就是要通过控制服务业、工业和农业所占的比重，提高经济的稳定性、可靠性，从而促进经济健康稳定发展。我国经济发展过程中的不平衡、不协调和不可持续问题依然很突出，这需要我们在优化经济结构时，统筹城市与农村协调发展，西部大开发、东北老工业基地相协调，不断扩大内需、减少对出口依赖、优化投资结构等，使经济增长效益最大化。知识经济的出现打破了刘易斯提出的二元经

---

① 郭熙保. 发展经济学经典论著选［M］. 北京：中国经济出版社，1998.
②③ 黄泰岩. 转变经济发展方式的内涵与实现机制［J］. 求是杂志，2007（18）.

济理论，农业经济、工业经济和知识经济并存的三元经济结构将有利于中国经济发展和社会发展，有利于优化经济结构、合理利用资源、保护生态环境等，有利于建设国家创新体系，推进知识创新、技术创新和体制创新，为建设资源节约型、环境友好型社会打好基础，进而实现经济发展方式转变，促进经济健康可持续发展。

白雪飞认为："转变经济发展方式是指在经济发展的进程中，始终坚持以人为本这个核心，通过科技进步和创新，在实现经济增长总量和速度稳定提升、经济质量进一步提高、经济结构不断优化的基础上，实现经济发展与社会发展相协调、经济发展与资源环境相协调、经济发展与人的全面发展相协调在内的全面协调，真正实现又好又快的发展。"[①] 她从八个方面将经济发展方式转变前后进行了区分，由粗放型向集约型转变、由结构失衡型向结构均衡型转变、由出口拉动型向内需拉动型转变、由技术引进型向自主创新型转变、由高碳经济型向低碳经济型转变、由贫富差距扩大向更加兼顾公平转变、由满足人的基本需要向人的全面发展转变，进而最终实现发展的不可持续向可持续转变。

李玲玲、张耀辉认为，经济发展方式转变是经济运行行为、发展动力、发展约束适应和发展成果分享的变化。[②] 杨玉霞、邢宏认为，转变经济发展方式就是要在注重实现要素生产率的增长率对经济增长率的贡献度达到或超过50%的同时，更注重经济发展质的提高，注重质和量的统一，包括经济增长、结构改善、人民群众物质和文化生活水平的不断提高、环境的改善等。转变经济发展方式就是要把粗放式经济增长转变为集约式经济增长，把盲目地单纯追求 GDP 量的扩张转变到更加注重优化经济结构、提高经济效益和经济增长质量上来，更加注重不断提高人民群众的物质文化生活水平，让广大人民群众分享改革发展的成果，切实维护和实现最广大人民的根本利益。[③]

---

① 白雪飞. 我国经济发展方式转变阶段测度研究 [D]. 辽宁大学博士论文，2011.

② 李玲玲，张耀辉. 我国经济发展方式转变测评指标体系构建及初步测评 [J]. 中国工业经济，2011 (4).

③ 杨玉霞，邢宏. 转变经济发展方式内涵及实现机制 [J]. 学理论，2008 (6).

（二）经济发展方式转变的目标和标志

加快经济发展方式转变，首先要明确经济发展方式转变的目标。党的十八大报告指出："加快形成新的经济发展方式，把推动发展的立足点转到提高质量和效益上来，着力激发各类市场主体发展新活力，着力增强创新驱动发展新动力，着力构建现代产业发展新体系，着力培育开放型经济发展新优势，不断增强长期发展后劲"。[①]

转变经济发展方式的目标就是着力破除阻碍经济发展的影响因素，推动经济长期持续健康发展。经济长期持续健康发展，意味着经济在长期发展过程中，经济发展动力持续且保持稳定；经济发展速度较高且保持稳定；经济发展效益良好且保持稳定；经济运行抗冲击能力强且波动幅度小。[②]

经济长期持续健康发展的特征主要体现在：一是经济发展动力的内在性，形成了经济发展的内生动力机制，深层次地推动经济发展的内生因素开始发挥作用；二是经济发展路径的拓展（延伸）性，实现了经济发展路径的多样性，不同的经济发展路径共同助推着整个经济的发展；三是发展层次的深度性，潜在的、无形的、特色的资源开始发挥作用，特色产业链不断延伸，产品附加值不断提高；四是经济发展状态的稳定性，表现为经济结构合理，经济波动的幅度较小；五是资源配置和使用的高效性，表现为经济社会发展向着资源节约型、环境友好型社会迈进；六是发展绩效的长期性，经济发展的长期绩效开始显现，经济发展的长期利益得到保证。

经济发展方式转变取得成效主要有以下四个标志：一是经济体制改革得到全面深化。正确处理好政府和市场的关系，尊重市场规律，发挥好政府的服务作用。现代市场体系健全，财税体制、金融体制进一步改善，金融监管健全，金融发展稳定。二是创新驱动居于经济发展全局的核心位置，拥有健全的以企业为主体、市场为导向、产学研相结合的技术创新体系和完善的知识创新体系。三是经济结构更加完

① 胡锦涛. 中国共产党第十八次全国代表大会报告, 2011.
② 白永秀，王颂吉. 经济发展方式转变的目标及影响因素［J］. 经济学家, 2011（6）.

善。国内居民消费稳步增加，外需和投资相对稳定，实现了消费、投资和出口协调拉动经济增长。科技投入大幅增加，重大科技专项取得明显成绩，战略性新兴产业稳步发展。产业结构升级顺利实现，基本淘汰低附加值、高能耗高污染、粗放型企业，大力推动了不发达地区发展。四是发展成果全民共享。完善的收入分配体制，居民可支配收入增多，更加注重初次分配公平。居民生活质量不断提高，居住环境优美舒适。教育、医疗和社会保障体系更加健全，失业率较低。

（三）转变经济发展方式的关键要素

转变经济发展方式是一个复杂的系统问题，需要经济、制度、文化、环境等多方面的综合考虑，针对不同的经济发展阶段，国家转变经济发展方式的思路是不尽相同的。发达国家和发展中国家的要素禀赋不同，文化、制度差异明显，经济发展程度一直处于领先与追赶的位置，随着经济全球化进程的加快，我国参与全球化竞争日渐加强，对经济发达国家的追赶也表现出良好的态势。但是，我国一直处于全球产业链竞争的低端，付出巨大的人力资本，得到的回报却不高，原因在于我们的技术创新能力不强，尤其是自主创新能力与发达国家差距比较大，参与全球制造业分工的末端。因此，现阶段我国转变经济发展方式的关键就是要加强技术创新能力，尤其要增强自主创新能力，实现经济发展由要素驱动向科技驱动的转变。

熊彼特在成名作《经济发展理论》中首次提到"创新理论"，他认为创新就是建立一种全新的生产函数，也就是说把一种以前从来没有过的，关于生产要素和生产条件的"新组合"引入生产体系，[①] 他对创新问题的研究解释了经济周期和经济增长。随后，他又在《商业周期》中提到，创新既是技术性变化的创新，又是非技术性变化的组织创新，并认为创新是由大企业内部的经济力量所形成的。在熊彼特看来，作为资本主义"灵魂"的企业家的职能就是实现"创新"和引进"新组合"，"经济发展"就是指整个资本主义社会不断地实现这种"新组合"的过程。熊彼特"创新理论"对经济发展和经济学界有重大影响，首

---

① 熊彼特.经济发展理论 [M].北京：商务印书馆，1990.

先，他正确揭示了经济发展的动力，并不是主要依靠资本、劳动、自然资源，而是依靠创新、科技和经济的结合；其次，理清了技术发明和技术创新的关系，技术发明属于科学技术的范畴，主要指创造了一个新技术、新工艺、新产品，而技术创新属于经济学的范畴，是一种能将技术发明付诸实践的全新的生产能力，它能够把科学技术从一般生产力转化为现实生产力；最后，强调了企业家在技术创新中发挥着关系的作用。企业家能重新配置各类资源、组合生产要素和生产条件、形成新的生产能力、开拓新的市场，并不仅仅是组织生产、维持企业生存的厂长，而是善于进行技术创新的企业领导人。①

改革开放 30 多年，我国已经成为世界第二大经济体，经济发展主要靠低价劳动力、资金和牺牲环境等生产要素推动，技术创新对经济增长的贡献不高。随着近些年制约经济进一步发展的因素增多，依靠技术创新突破发展瓶颈的路径越发明显。一方面，我国依靠劳动力资源丰富的比较优势，在国际分工中获得了相应的位置，逐渐成为了"世界工厂"，对外贸易发展迅速。但是，随着劳动力成本上升，廉价劳动力的比较优势不再明显，在东部沿海地区甚至出现了用工荒，这就需要通过技术创新，提高要素生产率，推动经济转型发展。另一方面，经济不断增长使得我国资本迅速积累，资本短缺已经不是我国经济发展的首要难题。但大量的实体经济竞争力不强，加之生产成本不断提高，外贸出口能力受到影响，大量资本并没有转化成为真实的实体产业，而是转向了诸如房地产、金融的非实体产业。应该考虑如何促进资本转化为生产力、技术创新能力，推动产业结构调整和提高了全要素生产力，这就为技术创新驱动提供了物质准备。

为了实现经济发展动力由科技创新驱动，需要相应的保障措施：一是要明确企业是技术创新的主体，企业是市场的重要组成部分和参与者，最了解市场的需求，加强企业的技术创新能力，尤其是自主创新能力，可以将知识、技术转化为市场上具有竞争力的产品；二是要加大技术创新的资金投入，尤其是政府投入企业的研发经费；三是注

---

① 方在农. 从熊彼特的创新理论说起 [J]. 自然杂志, 2006 (4).

重创新人才的培养，创造有利条件引进优秀科技人才，为他们提供发挥创新能力的平台；四是提高全民教育水平，增强创新意识，受教育程度越高，创新意识越强，自主创新的潜力就越大。

(四) 经济发展方式转变指标体系

构建经济发展方式转变指标体系，是依据经济发展方式转变内涵，采用层次分析方法，用来评价和描述经济发展状态。可以从经济增长、发展动力、资源环境支持和发展成果四个方面构建的指标体系，如表2-1 所示。

表2-1　经济发展方式转变指标体系①

一级指标	二级指标	三级指标
经济增长	经济可持续增长指标 经济增长规模指标	GDP 增长率移动平均值（%） 可比价人均 GDP（元）
发展动力	自主创新能力指标	国内技术依靠程度（%） 工业产品出口附加值率（%） 每百人 R&D 人员全时当量科技成果产出量（项/百人）
	市场化程度指标	政府财政支出占 GDP 比重（逆指标）（%） 私营、个体企业从业人员比重（%） 私营企业产值占工业总产值比重（%）
	消费动力指标	消费率（%）
	基础设施保障指标	每万人拥有铁路里程（公里/万人） 城市道路面积率（%）
资源环境支持	能源可持续指标	单位 GDP 能耗（逆指标）（吨标准煤/万元）
	土地利用效率指标	单位建设用地产出量（万元/公顷）
	环境科持续指标	单位 GDP 污染排放（逆指标）（单位污染物/亿元） 单位 GDP 碳排放量（逆指标）（公吨/万元）
发展成果	居民生活质量指标	货币购买力 社会养老保险参保率（%） 人均拥有公共图书馆藏量（册） 受高等教育人数比例（%） 每名医生服务公民人数（逆指标）（人） 社会卫生支出个人负担比重（逆指标）（%）
	产业结构指标	全要素生产率（%） 高技术产业产值占工业总产值比重（%） 第三产业产值比重（%） 第三产业就业比重（%）
	收入分配结构指标	基尼系数（逆指标） 工资总额占 GDP 比重（%） 农村与城市人均收入比 地方与中央本级财政收入比

---

① 李玲玲，张耀辉.我国经济发展方式转变测评指标体系构建及初步测评 [J]. 中国工业经济，2011（4）.

第二节　创新驱动经济发展的基本逻辑

一、创新与企业竞争力

新古典经济学理论中，企业行为的基本假设是追求利润最大化，追求利润最大化的基本办法就是增加销售收入，同时降低生产成本。在技术假定不变的情况下，企业利润过高就会吸引其他企业进入该行业，分享利润，之前存在的企业利益受到了威胁。为了保持企业竞争力，企业在现有技术条件下，可以选择技术引进、模仿或投资建立研发中心，进行旨在降低生产成本的工艺创新或提高产品多样化的产品创新，通过创新成果暂时取得行业垄断地位，获取巨大垄断利润。垄断地位固然是企业创新的重要激励，但企业是否选择研发投入受创新高风险、高投入等条件的限制。本书分别以竞争性企业和垄断性企业为例，分别分析企业进行研发的福利变化。

完全竞争厂商短期均衡实现条件是边际成本等于边际收益，在均衡点决定企业的产量，生产者剩余等于企业总收益与企业愿意支付的最小支出之差。由于处于完全竞争市场下，市场上存在大量同类型企业，行业利润率不高，单个新企业的进入或推出对市场影响微乎其微。假如某个大学或科研院所偶然出现了知识创新，并能够被典型企业采用，这时的典型企业在决定是否进行研发投入时，首先考虑的就是研发成本与创新成果之间的得失关系。引进新的发明、建立研发机构、引进创新人才和成立项目小组等都需要大量的资本支持，即使企业成功为研发项目进行了融资，分散了创新失败的风险，但是创新成果带来的收益能否弥补研发投入的成本仍然是企业面临的现实问题。再假设企业选择投资研发能够降低生产成本的工艺创新，并且工艺创新成功降低了企业生产成本。现在来比较研发成本投入和创新带来的生产成本下降之间的关系。

（1）工艺创新带来的生产成本下降正好弥补了研发成本投入，边际成本曲线和均衡产量都没有发生变化，生产者剩余不变。如果单从均衡理论来看，创新并没有给企业带来利润增加，但技术创新的外部性减轻了工人的劳动强度，或者通过新设备的引入更换了人力资本，降低了企业内部交易费用，利润虽没增加，但企业完成了技术升级，增强了下一时期的竞争力。

（2）研发成本小于创新带来的生产成本下降，这种情况使得短期边际成本曲线下降，产品价格不变的情况下增加了产量，总收益和生产者剩余都有所增加。这种创新情形是企业选择研发时最想要的结果，既增加了利润，又收获了技术创新外部性带来的好处。

（3）研发成本大于创新带来的生产成本下降，边际成本曲线和平均成本曲线上升，均衡点向左移动，在产品价格不变的情况下，产量下降，企业利润和生产者剩余都减少。由于技术创新外部性的存在，部分弥补了企业的损失，企业还是可以选择研发策略，或者购买技术，或者逆向研发进行技术升级，避免错失技术升级机会，与同类型企业保持跟进。

（4）研发成本远大于创新带来的生产成本下降，这种情况使得企业由盈利转变为亏损，虽然取得了技术上的优势，但对企业长远发展来说，缺乏持久动力，对此，企业联合研发，引入风险融资等手段能够为企业创新提供部分保障。

总之，对竞争性企业来说，创新总体上对企业保持竞争力来说还是利多于弊，即使是研发成本过高，企业也可以通过其他途径进行技术升级。

成功创新取得先占权且创新成果受到专利制度的暂时保护的企业获得了相应垄断地位，独享垄断利润的企业策略就是长期保持垄断优势，如果市场上缺乏竞争者，创新就不再是垄断企业的动力。为了打击潜在竞争者，垄断企业反而限制创新的出现，虽说垄断者创新动力不足，但是受其他企业采用新技术进入的威胁，垄断企业有了新的创新激励。考虑这样一种情形，市场上有两个不同类型的企业，一个是先前通过创新取得优势地位的垄断者，一个是潜在进入的企业，垄断型企业占有全部市场，通过低成本策略取得高利润，并打击潜在型企业，潜在企业没有市场份额，利润为零。假设基础研究取得突破，新技术的出现打破了原来的平衡，促使垄断型企业和潜在型企业调整策略：

（1）潜在型企业积极引入新技术，通过内部研发并整合现有技术进行产品创新。对潜在型企业来说，本来的市场份额为零，实施创新策略能够分得部分市场，获得了创新带来的利润增加。潜在型企业不会顾忌垄断企业而果断进行创新，市场就由一家垄断变为两家竞争，改善了福利状况，垄断企业被迫让出了部分利润和优势地位。

（2）垄断型企业早早预料到了这种技术创新带来的威胁，积极引入新技术，继续通过降低成本加固垄断优势。垄断者的创新激励是由创新带来的利润变化贴现值决定的，虽然垄断企业的创新激励没有潜在性企业的创新激励价值大，但垄断型企业采用创新策略解除了潜在威胁。正如吉伯特和纽勃里（1982）所言，垄断者对于一项创新，即使将来不采用，也会要求得到它的产权。因此，对垄断型企业而言，创新也是企业保持垄断地位的一项重要策略，尤其要重视根本性创新，因为根本性创新拥有改变产业结构的决定性力量。

上述分析发现，不论是竞争性企业还是垄断企业，创新都是企业保持竞争力的关键因素。我们知道，生产可能性曲线上的每一点既代表投入在生产者之间的最优分配，又表示了投入要素在最优配置时所能生产的一对最优产出。因而，在生产可能性曲线上移动的点一定意味着一种产出增加则一种产出相应减少，技术进步提高了要素组合使用效率，能够促进生产可能性曲线向右上方移动，在资源投入不变的情况下，技术进步提高了社会总产出，改进了帕累托最优状态。

二、创新与产业发展

利用基础研究中的科学发现或知识创新成功进行研发创新的企业取得了市场先占权优势，创新企业的巨大利润吸引大批追随企业，新技术和新产品的模仿、扩散带动了相关产业的形成和发展。学者在分析创新与产业间关系时，多采用与历史研究相结合的方法，根据不同国家、不同历史发展阶段和国家间产业差异的特点，并结合创新过程的复杂性和偶然性，分时代探讨重大创新促进产业形成和发展的历程。

技术创新是企业形成竞争优势的重要因素，但技术创新并不是驱动国家产业竞争力提升的唯一要素。在英国、美国和日本的优势产业形成与演化过程中，各类创新是如何协同驱动产业发展对我国创新驱动发展战略的实施会有所帮助。英国是第一次工业革命的发源地，蒸汽技术的发明与改进对英国产业结构形成巨大影响。英国纺织业部门将蒸汽动力技术与纺织技术创新相结合，大大提高了纺织业生产率，促进了早期纺织产业的发展。与此同时，英国与农业相关的部门技术进步也很明显，食物保鲜、冷藏、烘烤等方面的技术创新推动了企业扩张和产品产异化发展，生产技术的创新深刻地改变了英国的经济结构。但第一次工业革命中的组织创新和制度创新确保了英国工业全球领先的地位，管理创新变革了英国的生产模式，工业区集聚了大量资本与技术工人，区域性集中形成了产业间垂直专业化，掌握熟练专业技能的工人成为企业技术创新和扩散的关键。在第二次工业革命中，以美国为代表的组织创新改变了产业创新的过程，编码化的科学技术知识是推动企业扩张的强大动力，而新产业的特点是越来越依赖有组织的科学试验。美国企业采用的经理制模式虽有利于产品市场开拓，但忽略了大量员工组织学习能力的培养，这给日本企业赶超提供了机会。第二次世界大战后的日本主要依靠技术引进服务国内市场，同时积极构建有利于技术创新的企业制度。日本的企业制度创新主要表现在交叉持股、银行体系和终身雇佣制，这三种制度增强了日本企业间的联系，商业银行和工业企业交叉持股保持了市场稳定，避免恶性竞争，银行体系为技术创新提供了资金保障，而终身雇佣制增加了员工知识积累和组织学习能力，制度创新使得日本成为汽车、钢铁、机床等行业的翘楚。随着计算机技术和通信技术的迅猛发展，美国在信息通信技术产业再次领先，硅谷的成功再次证明了组织创新、制度创新保障下的技术创新是产业发展的强大驱动力。

创新驱动产业发展中的另一个重要问题是知识产权制度如何设定。专利制度在保护技术创新成果的同时限制了创新在产业间的扩散，创新驱动发展的重要内容是依靠创新成果形成有竞争力的产业，如果专利制度阻碍了创新成果在产业间的流动，就不符合创新战略的初衷。但是，专利制度的设定如果只注重技术扩散，缺少对技术研发企业补偿，就会打击企业研发积极性。因此，在制定知识产权过程中，可以通过专利年限、研发补贴、奖金等形式激励企业技术创新。同时，防止企业间"专利竞赛"引起的创新过度投资。

三、基于创新组织的产业演化

作为新经济时代显著标志的技术创新活动，几乎贯穿于产业发展的始终。产业成长一般要顺次经历萌芽期、扩张期、成熟期和衰退期，每个阶段技术创新的特点和作用都不尽相同。创新经济学家 Utterback（1993）对美国汽车、打字机、自行车、缝纫机、TV 和半导体等产业的研究发现，20 世纪前半段创新模式的特点是演化（Evolution）。早期的根本性产品创新（Radical Product Innovation）产生许多新进入者，导致多种竞争性产品设计。其后，过程创新以及生产规模的扩大将促使某种主导设计（A Dominant Robust Design）方式的出现，使产业组织出现变化，最后以一种寡占的市场结构而告终。渐进式/增量式创新（Incremental Innovation）随后将在产品创新和过程创新中占据主导地位。这种创新与产业演化的模式是由 Abernathy 和 Utterback 率先提出来的。他们根据主要（重大）创新比率（Rate of Major Innovation），把产品创新（Product Innovation）和过程创新（Process Innovation）划分为流动、转换和特性三个阶段，每个阶段的主导创新类型、创新源等都有很大的差异，从而深刻地揭示出技术创新与产业成长的关系（见图 2-1），这就是非常著名的 A-U 模型。

在 A-U 模型中，企业的创新速度与其规模相关，与产品或产业生命周期息息相关。在导入阶段，创新潜力巨大，企业资源少、规模小、产量小，产品和过程创新速度快。在成长（扩张）阶段，随着产品越来越便宜和越来越具有吸引力，对这种产品的需求上升，生产规模和企业规模随之扩大，这是产品生命周期中的增长阶段。只要开发出大规模生产的专有设备，并使用它，就可以迅速降低这种产品的单位成

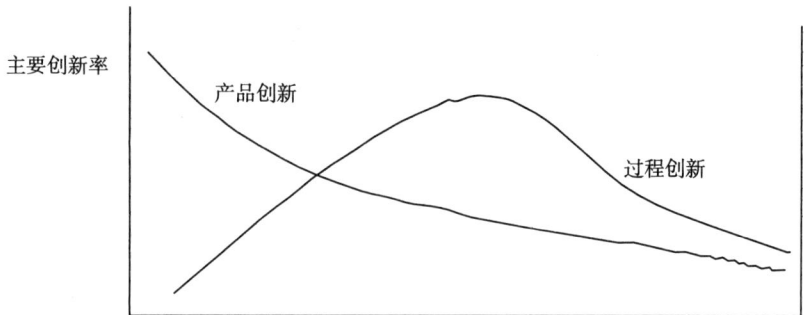

主导创新类型	产品主要变化频繁	增加产量要求主要工艺变革	产品、工艺数量增加,生产率、质量得到改进
竞争重点	功能产品	产品差异	成本节约
创新源	客户需要,客户的技术投入	扩张内部技术能力带来的机会	降低产品成本和提高质量的压力
产品线	多样化,常包括习惯性设计	至少有一种稳定的产品设计,以保证足够的产品量	多为无差异的标准化产品
生产工艺	灵活而无效率,易发生主要变化	刚性加强,在主要阶段发生变化	有效、资本密集、刚性;变革成本高
设备	通用性,需要高度熟练的工人	某些子工艺自动化,即局部自动化	专用性,多数监督和控制任务实现自动化
材料	通用	专用(来自于某些供给者的需要)	专用;若不可获得,将进行纵向一体化
工厂	规模小,接近用户或技术源	通用,但有专业部门	规模大,特定产品高度专业化

图 2-1 产业演化过程中的创新动力学模型

资料来源: Abernathy and Utterback (1978),转引自 Freeman and Soete (1997)。

本,进入"良性循环"阶段:"价格进一步降低—需求扩大—产出扩大—价格再降低",这时生产者将发现"动态的规模经济"(Dynamic Economies of Scale)。在成熟期,随着需求数量持平或者逐渐下降,增长期随之结束。这一阶段有两个特点:①规模不断扩大的企业生产出大量的产品;②产品创新较少,原因是最初的产品改进潜力几乎耗尽。面对 R&D 投入效率低,以及需求停滞或下降,成熟产业中的大企业将采取防御措施:增加 R&D 经费,加大广告宣传,开发远距离的市场,寻求消灭产业中的其他生产者(Gomulka,1990)。由此可见,基于A–U 模型的产业生命周期的理论基础是:市场是流动的;产业中有大量的小企业;进退自由;创新的焦点和企业创新类型一直在变化。这表明大企业将随时间推移而占据主导地位，因为它们在大规模生产和过程创新方面具有很大优势，其创新活动主要集中在创新过程的中后期，特别是后期。相比而言，在振荡激烈的产品创新初期，小企业则纵横天下。

Abernathy 和 Utterback（1975）的产业演化与创新模型，隐含着产业组织（或市场结构）与技术创新关系的内容，但是他们研究的重点是随着主导产品设计出现，两种创新（产品创新和过程创新）之间的替代关系如何变化。Klepper（1996）在 A–U 模型基础上，研究了进入、退出、市场结构和创新如何随着产品生命周期而变化。他的模型强调企业创新能力的差异，以及企业规模在独占创新利润方面的重要性，并考察了产业内企业规模与企业创新努力、创新生产率、成本和利润率之间的关系。Klepper（1996）的观点与技术上先进的产业如何从出生期演化到成熟期的思想基本相同。当产业是新的时候，进入者数量多，企业提供差异产品，产品创新比率较高，市场份额变化迅速。尽管市场不断成长，但是随后的进入数量减慢，退出超过进入，生产者数量发生巨大变化，产品创新速度和竞争产品下降，企业将更多的资源投入到过程创新，市场份额趋于稳定。这种演化模式被称为产品生命周期（PLC）。

2010 年，我国 GDP 规模超过了日本成为仅次于美国的第二大经济体，但是我国经济发展的质量和水平与发达国家还有很大距离。这种距离不仅体现在人均 GDP、社会福利等诸多方面，更体现在经济发展和社会转型的驱动力上，即科技创新是现代经济发展的引擎。经济发展规律表明，以单纯依靠自然资源、劳动、资本等生产要素大量投入为特征的传统经济发展方式不具有持续性。低能耗、低污染、高附加值、可持续的新发展模式正在成为国家未来经济竞争的基础。此外，面对后金融危机时代的结构大调整以及国内劳动力成本上升、原材料价格上涨等新环境、新形势，如何快速推进科技创新，带动经济发展方式转变，是我国目前最需要关注的核心问题之一。

第三节　创新驱动发展的主要模式

一、关键技术跨越发展模式

围绕"十二五"国家战略目标，应加强系统集成，着力攻克制约经济社会发展的关键核心技术，研发具有自主知识产权的重大战略产品，实现重点优势领域的战略突破，引领战略性新兴产业发展。探索社会主义市场经济条件下的新型举国体制，创新实施机制，通过国家财政资源、利用市场机制调动一切社会资源，将国家目标、企业目标和个人目标高度统一起来，实现科技资源的最大化配置。通过这类项目的组织实施，培养一大批科技人才队伍，形成一大批生产、试验与配套的紧密型合作关系，将研究、工程、生产、市场和国家利益有机融合起来，加速促进现代产业体系和经济体系的形成。在实施国家重大科技专项过程中，需要注意三个重要环节：①专家咨询基础上的战略决策，其中重点是顶层设计与决策系统；②充分发挥市场在科技资源配置方面的基础性作用，利用经济杠杆和其他激励手段，让更为广泛的科技资源聚集到国家需要的领域；③在企业、科研机构和高等学校甚至个人之间形成良好的合作伙伴关系，合理界定产权，强调知识共享和技术扩散，特别要强调外溢性大的技术的推广和大规模商业化。

二、战略性新兴产业引领模式

2011 年 3 月，《中华人民共和国国民经济和社会发展第十二个五年规划纲要》明确提出，要"以重大技术突破和重大发展需求为基础，促进新兴科技与新兴产业深度融合，在继续做强做大高技术产业基础上，把战略性新兴产业培育发展成为先导性、支柱性产业"。通过发展战略性新兴产业，一方面可以带动传统产业的改造升级，提高产业核心竞争力，为新兴产业的发展提供坚实的工业基础；另一方面也可以推动产业结构的优化、调整，完善现代产业体系，加快推动资源节约型、环境友好型的社会建设。培育和发展战略性新兴产业，要按照战略性新兴产业的发展规律基础，利用创新政策，积极推动原创技术创新，增加技术积累，重视新兴技术大规模应用，大力推动新技术、新产品的示范应用，创新商业模式，培育市场需求。[①] 目前，全国90%以上的地区均围绕战略性新兴产业发展，积极布局，推动经济发展方式转变。

三、技术改造与融合模式

传统产业升级改造是提升中国制造整体技术水平的战略基点。我国大量企业特别是国有大中型企业已经发展到一定阶段，未来的技术创新能力将会是竞争优势构建的焦点。特别是当前信息技术、电子技术快速发展、多产业融合的趋势愈加显著，传统企业要关注前沿技术，抓住机会实现技术改造和升级。传统产业升级，要以信息化单元技术推广、现代集成技术的应用示范、网络环境下的企业数字化工程为重点，深入开展信息化应用示范工作，改造提升传统产业。积极推进创意、设计、工程化、生产、销售、服务和物流等不同社会化生产环节的分工深化，塑造新的生产组织和服务组织模式。以主导企业和新产品为核心，鼓励大量协作配套型中小企业共同发展。与此同时，产业集群是一种简化的国家创新体系，[②] 其最关键的系统要素有助于促进一个国家国民经济各领域的创新、促进产业集群由低端向高端发展。[③]

传统产业行业分布的广泛性和差异性，决定了利用高新技术改造传统产业模式的多样化。传统产业的信息化、引进技术消化吸收、嫁接型改造等，都是重要的传统产业升级改造的基本模式。除此之外，

---

① 胥和平. 大力培育和发展战略性新兴产业 [N]. 经济参考报，2010-07-13.

② Bergman, Edward M. and Edward J. Feser. Innovation System Effects on Technological Diffuseion in a Regional Value Chain [J]. European Planning Studies, 2001 (5): 4–14. 转引自 OECD. 创新集群：国家创新体系的推动力 [M]. 北京：科学技术文献出版社，2004.

③ 对于区域特色显著的地方性产业集群，与区域创新体系更为接近，产业成长与创新相互促进，创新与区域财富创造与经济增长相互协调，正在成为许多有竞争力的产业集群的典型表征。一般而言，区域产业—创新体系的构建与发展，重点是通过区域内技术基础条件改善，满足产业集群内的技术升级以及中小企业的技术服务需要。

以核心企业为依托进行配套协作和产业链条更新，是另外一种重要的传统产业升级改造模式。

四、区域产业创新极模式

自主创新的实现需要载体条件，我国推行的"自主创新示范区"、"高新园区"、"特色产业基地"等都是实现技术创新、技术与经济发展相结合的重要模式和载体。北京中关村、武汉东湖及上海张江三个高新区已先后获批为国家级自主创新示范区。目前，中关村不仅初步成为国家战略性新兴产业策源地，而且对全国的辐射带动作用进一步凸显，有效促进了经济发展方式转变。主要体现在以下两个方面：①发展战略性新兴产业，引领产业转型升级。中关村获批为国家自主创新示范区两年来，重点发展新能源、节能环保、电动汽车等战略性新兴产业，涌现出一大批具有自主知识产权的辐射全国的重大科技创新成果，为推动我国产业转型升级、加快转变发展方式、实现跨越发展，做出了突出贡献。②集聚科技资源，推动经济发展。2011 年，中关村示范区企业累计专利申请总量达到 9.7 万件，是 2003 年企业累计专利申请总量的 10.3 倍，年均增长率达 30.4%；当年中关村示范区战略性新兴产业实现总收入 1.46 万亿元，占中关村示范区总体收入的 74.5%。①

大力发展特色产业基地，是促进自主创新与区域经济转型的新思路。产业基地的本质是在依托区域优势资源、顺应未来技术发展趋势、开发新兴产业发展空间等基础上，合理规划和产业发展定位，迅速集合区域资源和科技能力，选择具有发展潜力、知识技术密集的新兴产业，推动区域经济发展模式的迅速转型，实现科学发展、创新发展和和谐发展。如辽宁（本溪）医药产业基地依托辽宁东部地区资源优势以及本溪现有的产业基础，发展以医药产品为主业、以生物为先导，包括研发孵化、现代中药、保健食品、标准提取物、生物制药等相关产业领域在内的大生命健康产业。目前，辽宁（本溪）生物医药产业

---

① 中关村专利申请量近 10 万件 [N]. 中国高新技术产业导报，2012-04-30.

基地技术创新体系已基本建立，入驻研发机构初步形成了颇具特色的六大核心技术平台和六大支撑技术平台。据不完全统计，基地已引进创新型人才 1080 人，入驻企业和科研机构累计在研产品 266 个，3~5年内将有 171 个新药投产，这些成果将为基地的可持续性发展提供不竭的源泉和动力，将使本溪医药品种数量、质量、规模实现质的飞跃，产品科技含量大幅度增加、产业科技创新能力急剧提升，形成集群化、多元化的产业发展格局。

自主创新不等于自己创新，更不等于封闭创新。在经济全球化的背景下，谁善于利用全球创新资源，并将这些资源统一到自己的技术体系、生产体系和市场体系，谁就将以更低的成本、更快的速度、更直接的介入方式进入市场、占领市场和赢得竞争优势。应积极承接国际产业分工转移，深化在开放条件下的自主创新，整合全球科技资源。

第三章 辽宁先进装备制造产业技术创新体系分析

第一节 辽宁先进装备制造产业技术创新现状

装备制造产业一直是辽宁经济发展和产业成长的支撑部门，辽宁装备制造企业的技术基础条件比较好，但是这些创新的资源优势尚未充分转化为竞争优势。在辽宁装备制造企业技术体系中，非国有企业的作用不断增强，国有企业也仍然发挥着不可替代的作用。开放的区域产业创新体系要求建立更加密切的产学研合作网络。在国家政策引导下，许多企业开始积极探索自主创新实现路径，并结合各自特点实施了不同类型的逆向式自主创新模式，产生了较好效果。一批拥有自主知识产权的技术、一批能够替代进口的国产化技术和产品，不仅增强了我国产业自主创新能力，也为探索中国特色自主创新之路做出了贡献。特别是在东北老工业基地振兴战略的支持下，辽宁装备制造企业的自主创新能力显著增强，并表现出了新的特点。我们根据 2008 年辽宁省创新型企业申报材料提供的基础信息（2005~2007 年），通过相关指标设计和整理（本书中的调查指标均为 2005~2007 年的 3 年平均值），从中挑选出 48 家装备制造企业。之所以选择该行业，是因为装备制造产业是辽宁主导产业，透过这一具有支撑地位产业的技术进步特点，折射出我国产业技术进步的一般特点。辽宁装备制造业一直保持高速增长势头，成为工业增长和经济发展的引擎。2008 年，实现增加值 1894 亿元，分别占全省工业增加值和 GDP 的 28.7%和 14.1%。而且该行业增长速度也很快，2008 年，辽宁装备制造产业增加值比 2007 年增长 22.3%，增幅高于全省工业平均水平 4.8 个百分点，也远远高于全省生产总值（GDP）13.1%的增长幅度。作为辽宁主导产业，该行业的自主创新一直受到了政府的大力支持。同时，历史上形成的较好的技术基础和经济条件，也为新时期老工业基地产业技术创新注入了新的动力。

一、基本情况

老工业基地的一个重要特点是国有企业集中，这种现象和特点在辽宁也比较突出，但是，随着国有经济战略重组和国有企业深化改造，辽宁国有企业所占比例也在不断缩小。就调查的装备制造企业而言，31.3%的企业为国有及国有控股企业。装备制造企业作为技术密集行业部门之一，许多企业是地方认定的高新技术企业，是技术创新和科技成果转化的重要载体，也是地方产业技术升级的重要驱动力量。调查显示，72.9%的装备制造企业属于高新技术企业。装备制造企业在辽宁的分布也不均衡，主要集中在少数几个地区。在统计的 48 家装备制造企业中，沈阳、大连和鞍山是装备制造企业最为集中的地区，3 个地区装备制造企业占到辽宁省该行业总数的 45.8%。

辽宁装备制造企业的总体规模普遍较小（见表 3-1）。企业员工在 1000 人以下，注册资本低于 3 亿元的企业是辽宁装备制造企业的主导力量，均占调查总数的 62.5%。辽宁装备制造企业的生产规模也不大，64.6%的企业近 3 年总产值在 3 亿元以下。在全球化趋势明显的今天，辽宁装备制造企业的国际市场开拓进展不大，37.5%的企业没有出口业务，31%的企业出口规模在 200 万美元以下。这说明，辽宁装备制造在很大程度上是一个服务国内市场为主的产业部门。

二、创新基础

辽宁装备制造企业研发经费支出呈降幂分布态势，即近 3 年研发经费支出规模越小，企业所占比例越大，而支出规模较大的企业所占

表3-1 辽宁装备制造企业基本情况（2005~2007年）

员工人数		注册资本		总产值		出口	
分组（人）	所占比例(%)	分组(亿元)	所占比例(%)	分组(亿元)	所占比例(%)	分组(万元)	所占比例(%)
100~300	14.6	1以下	25.0	1以下	33.3	200以下	31.3
300~500	25.0	1~2	25.0	1~3	31.3	200~400	4.2
500~1000	22.9	2~3	12.5	3~5	8.3	600~800	4.2
1000~2000	16.7	3~4	6.3	5~7	4.2	800~1000	2.1
2000以上	20.8	4~5	4.2	9以上	22.9	1000~2000	10.4
		5以上	27.1			2000以上	10.4
						没有出口	37.5
合计	100	合计	100	合计	100	合计	100

比例较低。近一半的辽宁装备制造企业研发经费支出在1000万元以下，那些年均研发经费超过3000万元的企业均是有一定实力的特大型企业，如表3-2所示。

表3-2 辽宁装备制造企业自主创新基础

研发经费		R&D强度		研发机构人数		研发机构高级职称比例	
分组(万元)	所占比例(%)	分组（%）	所占比例(%)	分组(人)	所占比例(%)	分组（%）	所占比例(%)
200以下	10.4	1以下	2.1	20以下	2.1	10以下	14.6
200~400	16.7	1~2	6.3	20~40	14.6	10~20	22.9
400~600	12.5	2~3	12.5	40~60	14.6	20~30	37.5
600~800	8.3	3~4	16.7	60~80	10.4	30~40	6.3
1000~2000	27.1	4~5	16.7	80~100	10.4	40~50	4.2
2000~3000	4.2	5~10	35.4	100以上	45.8	50以上	12.5
3000以上	20.8	10以上	10.4	缺失	2.1	缺失	2.1
合计	100.0	合计	100.0	合计	100.0	合计	100.0

企业研发机构人员总体上比较充足，100人以上和以下两个大分组平分秋色。其中，研发机构人员超过100人的企业所占比例高达46.8%。调查显示，研发机构专职人员中，高级技术职称所占比例主要集中在20%~30%，达到这一比例的装备制造企业占到40%。科技部统计中心公布的全国地区科技进步监测指标显示，就研发经费投入和人员投入而言，辽宁的科研基础在全国位于前列，这一点在装备制造企

业上也得到了体现。就研发强度（R&D 经费/销售收入）而言，辽宁装备制造企业的创新投入比例比较高。70%以上的企业，其 R&D 强度超过了 3%，其中，R&D 强度在 5%~10%的企业所占比例最高，达到了35.4%。

产学研合作是企业自主创新的重要途径。在国家相关政策引导下，90%以上的辽宁装备制造企业与高等学校、科研机构或者其他组织建立起各种类型的技术联盟，但是研发项目分布呈现"U"型分布，即近 3 年合作项目比较少和比较多的企业所占比例都比较高。特别是，近 3 年仅进行一项合作项目的企业所占比例竟然高达 1/3 以上。如果从合作项目经费分布情况看，也可以得出大体相同的结论。因此，如何形成持续的合作创新机制，将是未来创新政策的重要指向。

专利和新产品销售收入是衡量企业技术创新产出的两个重要指标（表 3–3）。从专利授权指标看，80%以上的企业拥有专利授权，其中拥有 5 项专利以下的企业所占比例最高。从新产品销售收入看，新产品销售收入在 2 亿元以上的企业所占比例最高，接近 30%。新产品销售收入在 5000 万~1 亿元的企业所占比例也比较高。结合两个创新产出指标可以发现，相对于专利授权这个具有潜在商业价值的创新效果而言，企业可能更加偏好短期能够带来巨大销售增长和利润来源的渐进性技术改造。此外，在劳动生产率指标方面，辽宁装备制造企业人均

表 3–3　辽宁装备制造企业自主创新的绩效

新产品销售收入		专利授权		劳动生产率	
分组（元）	所占比例（%）	分组（项）	所占比例（%）	分组（万元）	所占比例（%）
1000 万以下	2.1	5 以下	27.1	10 以下	6.3
1000 万~2000 万	4.2	5~10	6.3	10~20	31.3
2000 万~3000 万	18.8	10~20	12.5	20~30	20.8
3000 万~4000 万	4.2	20~30	12.5	30~40	6.3
4000 万~5000 万	4.2	30~40	4.2	40~50	6.3
5000 万~1 亿	22.9	40~50	2.1	50~100	20.8
1 亿~2 亿	10.4	50 以上	16.7	100 以上	6.3
2 亿以上	27.1	缺失	18.8	缺失	2.1
缺失	6.3				
合计	100.0	合计	100.0	合计	100.0

产值30万元以下占50%以上，而50万元以上仅占27.1%。这意味着辽宁还缺乏一批具有高附加值的现代装备制造企业。

三、创新效果

（一）关联因素

为了进一步探索辽宁装备制造企业自主创新的影响因素，本书选择 R&D 强度作为自主创新的衡量指标，而将企业性质、创新网络等指标作为影响自主创新的因素（见表3-4），从而揭示诸多关联因素与辽宁装备制造企业自主创新的一般关系。从企业的技术性质看，地方认定的高新技术企业的研发投入强度普遍高于非高新技术企业。高新技术企业的研发投入强度绝大多数在5%以上，而非高新技术企业的研发投入强度普遍低于5%。这说明，高新技术企业技术创新对地方自主创新体系建设具有不可或缺的战略意义。

表3-4　影响自主创新的因素

R&D 强度（%）	高新技术企业		国有及国有控股企业		组建产学研联盟		主持制定各种标准		拥有省级以上知名品牌		职工参与创新		技术引进	
	是	否	是	否	是	否	是	否	是	否	是	否	是	否
1 以下	1	0	缺失	缺失	1	0	1	0	1	0	1	0	1	0
1~2	3	0	1	2	1	2	3	0	1	2	0	3	1	2
2~3	3	3	1	2	3	3	4	2	5	1	0	6	5	1
3~4	2	6	6	1	2	6	3	5	4	4	2	6	7	1
4~5	2	6	3	1	1	7	2	6	6	2	1	7	7	1
5~10	2	15	12	3	2	15	4	13	5	12	4	13	10	7
10 以上	0	5	2	3	0	5	2	3	2	3	0	5	4	1
合计	13	35	25	15	10	38	19	29	24	24	8	40	35	13

从企业经济性质看，国有及国有控股企业与非国有企业之间的创新差异十分显著。26.67%的国有企业 R&D 投入强度在4%~5%，而且 R&D 投入强度在5%以下的国有企业所占比例达到了60%；非国有企业中，R&D 强度超过5%的企业占到了60%。这两种结构相逆的数据说明，在国家经济体制改革和国有企业改革过程中，非国有企业的技术投入和技术能力开始显著增强，特别是在高新技术产业部门，非国

有企业发挥着举足轻重的作用。

合作网络组织对企业的技术创新产生着重要影响。总体上看，R&D 投入强度与产学研联盟组建与否存在着较为显著的相关性。但是，组建与未组建产学研联盟的企业内部存在着一定差异。在未组建产学研合作联盟的企业中，所有企业 R&D 投入强度均低于 10%；而在组建产学研合作联盟的企业中，86.8% 的企业 R&D 强度在 2%~10%，其中一个重要特点是 R&D 强度非常高（高于 10%）和非常低（低于 1%）的企业，对组建产学研合作联盟的动机最低。这意味着，产学研合作及其效果在很大程度上取决于参加联盟企业的技术资源禀赋状况。

技术标准是企业技术能力和竞争力的重要体现，研发投入强度大的企业通常会积极主持各种类型的技术标准。总体上看，在积极主持各种技术标准的企业中，其 R&D 强度都超过了 2%，而且随着 R&D 强度的增加，主持标准企业的数量或所占比例越高。但是，对于未积极主持制定各种标准的企业而言，其 R&D 强度分布比较均匀。

品牌是企业竞争力的另一个重要表现形式，基于技术创新的自有品牌无疑是企业持续竞争力的重要源泉。当 R&D 强度高于 5% 时，拥有省级以上的知名品牌企业数量明显高于没有知名品牌的企业数量；而在研发强度低于 5% 时，品牌拥有与否和技术创新的关系不太明显。这意味着，如果企业的技术投入比较大，处于市场开拓和竞争的需要，这类企业通常把品牌竞争与技术竞争整合起来；而对于 R&D 投入强度较低的企业而言，品牌的重要程度还没有得到企业决策者的充分重视。

在全员创新时代，员工参与创新的态度直接影响着企业技术创新的速度和方向。调查显示，员工参与态度与企业 R&D 投入强度存在着显著的相关性，平均而言，随着 R&D 投入强度的增加，员工积极参与创新的企业数量越多。在员工积极参与创新的企业中，其 R&D 投入强度都超过了 1%。但是，在 R&D 投入强度超过 10% 的企业中，员工参与创新的企业数量有下降的趋势。这意味着，高 R&D 投入企业可能更加需要专业 R&D 人员的有组织的创新活动，而对来自于生产过程的各种建议的重视程度相对较弱。

技术引进是企业重要的技术来源。调查显示，辽宁装备制造企业对技术引进的重视程度相对较低，近 3 年来 72.9%的企业没有技术引进活动，即使存在技术引进活动，它与 R&D 投入强度之间的关系也不显著。即使没有技术引进活动发生，企业 R&D 投入强度也比较高。这些数据可能说明了技术引进与自主创新之间的复杂关系。因为技术引进与自主研发之间存在着复杂的补偿和替代关系，能否从技术引进、技术学习中获益，并尽快实现核心技术自主研发，受制于多重因素的制约。另外一种情况可能是，许多企业还是在 3 年前引进技术的基础上，进行着模仿创新，也就是许多 R&D 活动还是围绕着原来的引进技术，进行渐进性改良或者进行技术潜力的充分挖掘。对辽宁几家装备制造企业的调查证明了这一点。某企业在 20 世纪 80 年代左右引进的技术仍然是其竞争力的主要来源，现在的许多 R&D 活动基本上是在原来技术基础上的改造与完善。这种状况也说明，对于追求利润的企业而言，如何获取技术，如何利用和创造技术，其具体途径并不相同。而且，技术引进和技术创新之间也存在着复杂交互关系。

（二）分析结果

作为辽宁经济发展和产业成长的支柱性力量，装备制造企业规模还不大，主要是一个服务国内市场为主的产业部门，尚未有充分利用全球化的经济优势。无论是从 R&D 经费，还是从 R&D 机构人员指标看，辽宁装备制造企业的技术基础条件比较好。一些规模相对较大的企业是辽宁装备制造企业技术创新的主要承担者。开放的产学研合作组织已经成为辽宁装备制造企业技术进步的重要载体，但是如何构建一个面向市场的持续合作创新机制还面临着一些挑战。

从企业的技术性质看，地方认定的高新技术企业的研发投入强度普遍高于非高新技术企业。高新技术企业技术创新对地方自主创新体系建设具有不可或缺的战略意义。非国有企业的技术投入和技术能力开始显著增强，特别是在高新技术产业部门，非国有企业发挥着举足轻重的作用。

技术标准、品牌是企业技术能力和竞争力的重要体现。总体上看，研发投入强度大的企业通常会积极主持各种类型的技术标准。当 R&D 强度高于 5%时，拥有省级以上的知名品牌企业数量明显高于没有知名品牌的企业数量；而在研发强度低于 5% 时，品牌拥有与否和技术创新的关系不太明显。

在全员创新时代，员工参与创新的态度直接影响着企业技术创新的速度和方向。调查显示，员工参与态度与企业 R&D 投入强度存在着显著的相关性，平均而言，随着 R&D 投入强度的增加，员工积极参与创新的企业数量愈多。技术引进是企业重要的技术来源。调查显示，辽宁装备制造企业对技术引进的重视程度相对较低，这意味着在现实技术进步过程中，技术引进与自主创新之间存在着复杂关系。

第二节　辽宁先进装备制造产业集群创新[①]
——以沈阳铁西区装备制造产业集群为例

铁西区装备制造产业发展的历史很长，并在新中国成立初期形成了一定规模的聚集效应。但是，其聚集规模和程度与现代产业集群发展的需要相比还存在差距。如何构建一个能够支持集群持续创新的机制，仍然是一项艰巨任务。总体上看，科学定位国有企业、培养集群软实力、建设新型产业关系网络和推动有条件的优势企业上市将是未来铁西装备制造产业集群创新体系完善的重要方向。沈阳铁西装备制造产业集群坐落于沈阳市铁西新区，该区位于沈阳市中心的西南部，由铁西区、沈阳经济技术开发区、沈阳细河经济区组成，享有市级经济管理权限。沈阳铁西是我国最为重要的装备制造聚集区，在东北老工业基地全面振兴过程中一直扮演着"排头兵"的角色。沈阳装备制造产业总体上包括三大聚集区和两个配套区（见表 3-5），其中，铁西装备制造产业集群是装备制造产品最为集中的区域。在我国有能力生产的 24 类 219 种成套设备中，沈阳占了 1/3，大部分集中在铁西。在装备制造业生产的 77 个产品中，有 44 个在技术水平和市场份额方面

---

① 合作者为冯荣凯、尹博和郭永亮。

居中国首位。2009 年，铁西区规模以上装备制造业总产值、增加值分别为 1230 亿元和 330 亿元，分别较 2008 年增长 17.9%和 21.8%。其中，铁西规模以上装备制造业增加值占沈阳市的比重高达 33%以上。这里力图通过铁西区装备制造产业集群的发展状况折射出沈阳乃至辽宁老工业基地全面振兴过程中的某些技术创新特点。

表 3-5　沈阳装备制造集群的空间分布

地区	定位	重点产品	目标
铁西区	装备制造聚集区	数控机床、通用石化装备、重矿机械、输变电装备、工程机械、汽车及零部件	装备制造产业集群
浑南新区	装备制造聚集区	数字化医疗设备、自动化控制设备、电子信息、航空	沈阳市先进装备制造业的重要聚集区
大东区	装备制造聚集区	整车生产、零部件配套、物流配送	汽车城
于洪区	装备制造配套区	金属加工机械制造、特种数控机床、锅炉及原动机制造、电气设备、建材机械专用设备制造	科技创新型现代工业示范区和民营经济主导型中小企业聚集区
辽中县	装备制造配套区	铸造机、铸造件、有色金属加工	先进装备制造业铸锻件生产制造基地和加工出口基地

资料来源：作者根据媒体资料和实际调研整理而得。

一、铁西装备制造产业集群发展历程

尽管铁西区装备制造产业发展的历史很长，并在新中国成立初期形成了一定规模的聚集效应，但是，其聚集规模和程度与现代产业集群发展的需要相比，还存在差距。为了更好地反映东北老工业基地振兴进程，我们将铁西装备制造产业集群的分析起始阶段界定为 2002年。因为 2002 年铁西新区的成立标志着作为该区主导产业的装备制造正在形成聚集效应。总体上看，铁西装备制造产业集群大体经历了三个主要发展阶段，如图 3-1 所示。

（一）波动中的老工业区（2001 年以前）

铁西区的工业历史可以追溯到 20 世纪初，新中国成立后，经过国家"一五"、"二五"时期的集中投资和重点建设，铁西区逐渐成为以金属加工、通用机械、交通运输设备等装备制造为主、国有大中型企业为骨干的综合性重化工业基地，集中了沈阳市 80%以上的工业企业，

各阶段的并键性事件

集群效应释放期
（2008 年至今）

2009 年，《铁西装备制造业聚集产业
发展规划》获得国家发改委正式批准

制度创新和技术创新驱动
的变革期（2002~2007 年）

2010 年国有企业改制重组、搬迁改
造，成立铁西新区、铁西老工业基地
调整改造暨装备制造业发展示范区

聚集初级阶段
（2001 年之前）

老工业区陷入困境：东北现象

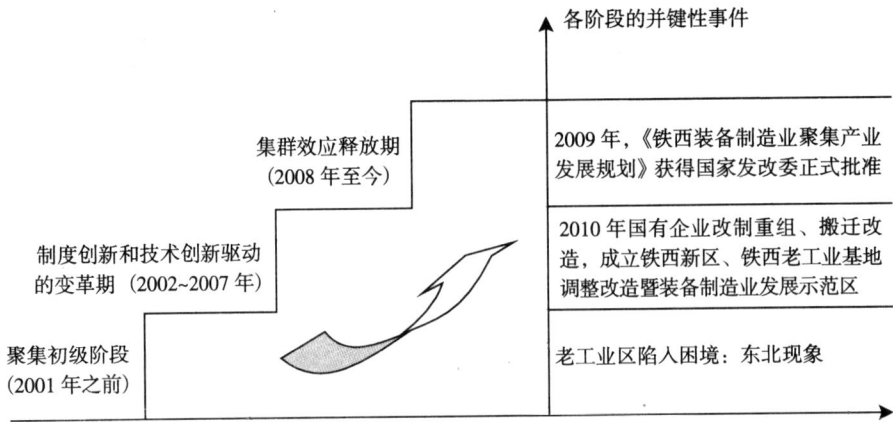

图 3-1　沈阳铁西装备制造产业集群发展历程

资料来源：作者根据调研整理。

在我国现代工业体系建设中发挥了重要作用。改革开放之后，在由计划经济向市场经济转变的过程中，传统计划体制的影响以及生产技术落后等问题日渐显现，铁西区成为"东北现象"的典型代表。20 世纪90 年代，铁西区 95% 以上的企业亏损，国有企业负债率高达 90%，90% 以上的企业停产、半停产，40 万产业工人中有 13 万人下岗失业，铁西区进入到了"洗手没肥皂，干活没手套，什么时候发工资不知道"的最为艰难的时期。这一时期的显著特点是，国有企业主导的装备制造面临着前所未有的挑战，现代产业集群的理念尚未形成，许多装备制造企业只是存在地理上的临近性，它们之间存在一定程度的经济技术联系。这些产业基础和技术积淀为后来装备制造产业集群发展提供了必要条件。

（二）制度创新和技术创新驱动的变革期（2002~2007 年）

搬迁改造和国有企业重组改制为特点的制度创新，以及激励重大创新的政策导向是这一阶段的显著特点。这一时期，是沈阳铁西装备制造产业集群发展最为关键的阶段，其本质是通过"搬迁 + 资本重组 + 自主创新"实现了绝大多数装备制造企业的地理集中——聚集在了一个新的工业区铁西新区，也进一步提高了企业的创新能力。2002 年，铁西区和沈阳经济技术开发区合署办公成立铁西新区，183 户大中型企业开始从老城区陆续搬迁到该地区，为沈阳铁西装备制造产业集群的形成和发展创造了条件。2003 年，东北振兴战略的实施又为集群发展注入了新的活力。与此同时，以产权制度改革为突破口，采用中央企业、省外企业、民营企业以及国际跨国公司等多种形式，促进国有企业重组改制模式，激活国有资本存量，释放创新潜能。例如，沈矿集团与中国建材集团重组、新疆特变电工接管沈阳变压器厂、沈鼓集团与美国通用能源公司在油气领域的压缩机维修等方面的合资。

　　在政府创新政策引导下，企业自主创新的主体地位逐渐确立，产生了一大批自主创新成果。沈阳远大集团博开发研制的无齿轮永磁同步曳引机被称为是现代电梯电机的一次技术革命。沈阳机床集团的数控机床、三一重装的煤炭综掘综采设备等自主创新产品不断出现，这些标志着新时期沈阳铁西装备制造产业集群的龙头企业的创新能力已经得到了很大跃升，现代装备制造产业的技术基础正在形成，为集群价值链升级提供了技术储备。自主创新能力的增强所带来的直接结果就是企业进入快速发展期，规模不断扩大，市场影响力也不断增强。例如，沈阳远大集团产品行销全球 128 个国家，并于 2007 年成为沈阳第一个销售额超过百亿元的装备制造业企业。同年，国家发改委和国务院振兴东北办授予沈阳市"铁西老工业基地调整改造暨装备制造业发展示范区"的称号。

（三）集群效应释放期（2008 年以来）

　　这一时期的显著特点是区域产业聚集趋势更加明显，产业规模不断扩大，产业发展质量和水平显著提高，效益、创新逐渐成为区域产业体系的主基调。由于行业的特殊性和市场空间的特点，再加上自主创新能力较强，沈阳铁西装备制造产业集群受到国际金融危机的冲击相对较小。2009 年，《铁西装备制造业聚集区产业发展规划》获得国家发改委正式批准。2010 年 4 月沈阳经济区上升为国家战略，为铁西装备制造产业集群的优化升级再一次创造了新的发展空间。这些积极的政策优势和良好的产业基础，使得沈阳装备制造产业集群的影响不断扩大。现在已有 40 多个国家和地区的外商在新区投资建厂，其中跨国公司 83 家，世界 500 强企业 23 家。最近，代表世界顶级产业水平的日本安川伺服电机、德国威普克·潘克大型液压机、加拿大马泰克热再生机组等项目也选择了铁西装备制造产业集群。国内外著名装备制造企业和外围配套企业，正在形成上下游产业链分工与协作的装备制造产业集群。在集群规模和范围效应释放过程中，本地领先企业发挥着重要作用。特变电工、北方交通重工、三一重装等重点企业研发投入占销售收入的比重都超过了 3%。在企业创新能力增强的同时，标准战略正在成为这些企业新的竞争手段。2010 年 6 月，由北方重工集团制定的带式输送机和矿山洗选设备国家标准通过了国家级认定，这标志着中国企业在这两个领域已经站在了全球行业技术前沿。目前，在数控机床、输变电、大型工程机械、冶金矿山、石化设备等关系国计民生和国家安全的重大技术装备和重大产品领域的 77 个主要产品中，沈阳铁西有 44 个产品的国内市场占有率居同行业首位。

二、沈阳铁西区装备制造产业集群结构

（一）主体企业

大企业主导是铁西装备制造产业集群内企业规模结构最为显著的特点。铁西区内现有规模以上工业企业 600 多家，其中，装备制造企业占 60%以上。聚集区拥有沈阳机床集团、沈鼓集团、沈重集团等一批百亿元企业，同时还拥有沈阳市 70%以上的存量资产，工业门类齐全，配套能力强大，形成了数控机床、通用石化装备、输变电装备、重矿机械、工程机械、汽车零部件等优势主导产业和铸锻、仪器仪表、模具及压铸件、机床功能部件等基础产业集群（见表 3-6）。沈阳机床、特变电工等大型企业已经开始在国际市场上发挥着"中国创造"的影响力。

表 3-6　大型骨干企业牵头的装备制造产业集群

行业领域	龙头企业	主要产品	目标（2020 年）
数控机床	沈阳机床集团	数控机床、锻压设备、激光加工设备、数控系统	年产值 1000 亿元，建成国家最大的数控机床研制基地
通用石化装备	沈阳鼓风机集团	大型炼油和乙烯装置、PTA/PX 装置、大型煤化工装置等	建成国际一流的通用石化装备研发制造基地
重矿机械	北方重工集团、三一重装公司	大型综采综掘、散料输送等成套设备，大型洗选煤设备、电站磨煤机等关键整机	建成国家重要的重型矿山机械制造基地

续表

行业领域	龙头企业	主要产品	目标（2020年）
输变电装备	特变电工沈变集团、新东北电气集团	超高压、特高压交/直流输变电设备等	建成国际一流的输变电装备研发制造基地
工程机械	北方重工集团	全断面掘进机、道路养护机械、筑路机械、工程起重机等	建成世界一流的全断面掘进机研制基地
汽车及零部件	沈阳华晨宝马公司、沈阳华晨金杯集团、上海通用北盛汽车公司、广汽日野公司	发动机、车桥、变速箱、轮毂、汽车电子等汽车零部件产品，大中型客车、商用车以及专用汽车等整车产品	建成国家汽车零部件出口加工基地

资料来源：根据《沈阳装备制造业产业发展规划纲要（2009~2020）》整理。

（二）支撑机构

悠久的历史积淀和产业技术基础，以及所在地区的创新活动和创新基础，为沈阳铁西装备制造产业集群创新能力提升和竞争力强化创造了良好条件（见表3-7）。沈阳科技资源丰富，科技综合实力在全国居第5位，拥有27所高等院校、独立科研机构120家、国家工程技术中心12个、国家重点实验室9家。目前，沈阳铁西装备制造集群汇集了2所理工科大学、5个国家级科研院所；拥有2个国家工程技术研究中心、2个国家重点实验室、5个国家企业技术中心、20个国家产品检测中心、16个省级工程技术研究中心、10个省级重点实验室、11个省级企业技术中心、9个博士后流动站，拥有各类工程技术人员5

表3-7　铁西装备制造产业集群相关支撑机构情况

机构类型	数量	在国内水平	备注
研发机构	40	一流	国家级14家；省级37家；其他各类联盟5家以上
本地院校情况	7	一流	中国科学院沈阳分院、东北大学等
科技中介机构	8	中上	商标、专利服务等
融资机构	26	中上	各种类型的投资公司，包括1家风险投资公司
咨询机构	5	中等	
培训机构	3	中等	
物流服务机构	77	中下	面向地区内外的公司
销售服务机构			
其他商务服务机构	14家		沈阳铸造协会等

资料来源：根据《沈阳装备制造业产业发展规划纲要（2009~2020）》以及沈阳铁西装备制造产业科技服务平台网站等相关资料整理。

万余人，技术工人 20 万余人。① 铁西装备制造产业集群内部的多种关系结构如图 3-2 所示。

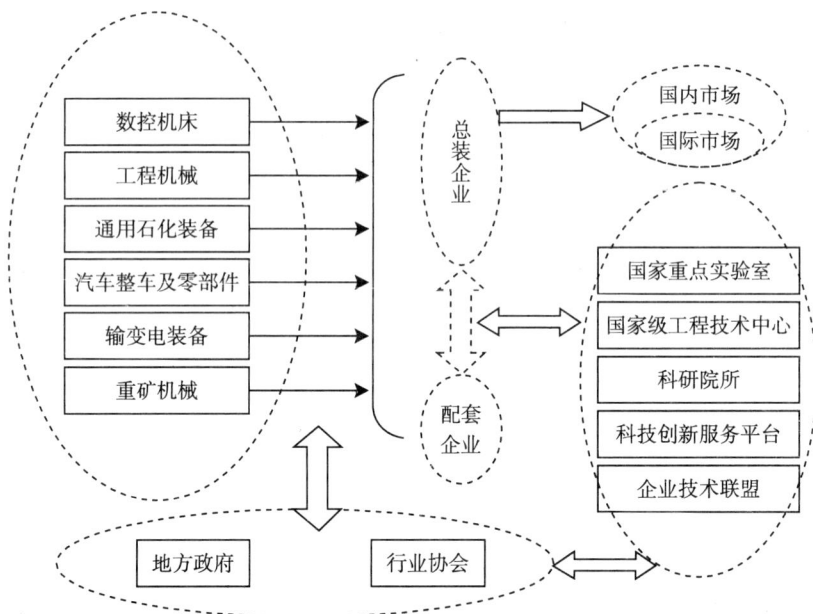

图 3-2　沈阳装备制造产业集群结构

资料为源：报告课题组绘制。

（三）公共服务管理

铁西装备制造产业集群围绕建设世界级装备制造业基地目标，在突出装备制造业物流、大宗散杂物流，打造物流基础设施、装备物流信息和物流运营服务平台的基础上，初步形成了以铸锻、化工、冶金、汽车四个专业园区等为支撑，与装备制造业基地相配套的物流体系。此外，独特的政策优势也为铁西装备制造产业集群的快速成长创造了重要条件。除了一般的政策支持外，作为东北老工业基地全面振兴、辽宁沿海经济带和沈阳经济区的重要组成部分，铁西装备制造产业集群具有非常独特的政策优势。这些政策涉及财政资金资助与奖励、高新技术企业税收优惠、土地优惠等多个方面，如表 3-8 所示。

---

① 沈阳市人民政府，辽宁省发展和改革委员会.沈阳铁西装备制造业聚集区产业发展规划（2010—2020）.

表3-8　铁西装备制造产业集群的政策支持

政策层次	关键内容
国家支持装备制造业发展示范区的政策	设立总额为200亿元的装备制造产业投资基金，对重大技术装备专项等给予15%的国债专项补助资金，加大税收返还力度（5年）等
沈阳市的创新政策	对新批准的企业与科研院所、高等院校联合共建的国家、省、市级工程技术研究中心，分别给予200万元、50万元、30万元的专项资金支持；对在沈企业依托科研院所、高等院校在企业中建立的国家级重点实验室给予200万元的专项资金支持
集群内的特殊优惠政策	经济区设立企业发展基金，对特殊重大项目，根据项目贷款额度给予1%~5%的财政贴息；免收工商注册及工本费、土地登记费等费用；投资者按规定价格在开发区售让土地使用权时，符合条件的项目，给予土地出让价格10%~60%的财政补贴等

资料来源：根据调查资料整理。

三、沈阳铁西装备制造产业集群的创新能力

这里将从创新意识、创新资源、合作网络、创新活动、创新绩效和创新环境六个方面对铁西区装备制造产业集群的创新能力进行分析。为此，我们通过对铁西新区的30家企业进行问卷调查，共获得27份有效问卷。对样本进行分类统计处理和汇总，样本情况见表3-9。

表3-9　调查样本基本情况

企业性质			销售收入		
类型	样本数（家）	比重（%）	类型	样本数（家）	比重（%）
国有企业	10	37.03	1亿元以上	11	40.74
外资控股企业	4	7.41	5000万~1亿元	4	14.81
民营控股企业	13	55.56	1000万~5000万元	9	33.33
			1000万元以内	3	11.11
总计	27	100	总计	27	99.99

资料来源：根据调查问卷计算。

（一）创新意识

对于集群创新意识，主要从企业所在区域的创业和创新价值观、企业的创业和创新意识、企业对市场和技术机会的认知度以及企业对利用外部创新资源的认知度四个方面进行分析。

就铁西新区"企业所在区域的创业和创新价值观"而言，该项的

平均值为 0.40。"人们对生活水平持有的看法"、"想创业或创新致富的人的比例"以及"成功人士获得的社会地位和尊敬"等指标值分别是 0.26、0.30 和 0.63。这些评价指标结果表明铁西人较强的创业和创新价值观。

就"企业表现的创业和创新意识"而言，得分相对较低，平均值为–0.48。我们可以看到，大多数企业认为创新和创业机会不多，该项指标值为 0.00。同时，由于集群内惨烈的市场竞争影响到企业对"创新的风险承受能力"，所以该项指标值仅为–0.96，绝大多数的企业能够接受"损失约三分之一"的财产风险。

就"企业对市场和技术机会的认知度"而言，集群内的企业具有一定的认知度，该项得分的平均值为 0.53。此外，铁西企业对"利用外部创新资源的认知度"不是很高，该项得分的平均值为–0.04。在同非同行业、本地及外地大学科研机构合作而言，认为尤其需要加强同行企业之间的合作。

整体上讲，集群当地具有浓郁创业、创新文化，对创新风险具有一定的承受能力，对市场和技术机会具有较清晰的认知，需要加强对外部大学科研机构创新资源的认识。

（二）创新资源

对创新资源情况，主要从集群内企业的研发基础设施情况、企业研究开发投入强度和技术人员投入强度三个方面进行分析。

就"集群内企业的研发基础设施情况"而言，有 44.44% 的公司设有专职的研发机构。但企业设置的研发机构水平却处于较高的层次，达到市级实验室技术中心水平以上的企业比例仅为 51.85%。

就"企业研究开发投入强度"而言，在过去 1 年中，集群内有 55.56% 的公司研发投入占销售收入的比重有所增加，这些企业的平均研发投入强度为 10.92%。这说明集群内有 1/2 强的企业积极从事研发工作，并进行了一定的投入。

就"技术人员投入强度"而言，在过去 1 年中，集群内有 38.46% 的公司核心技术人员占员工总人数比重有所增加，这些企业的技术人员投入强度为 7.66%。这说明集群内企业越来越重视在研发和核心技术人员上的投入。

整体上讲，集群内研发投入和技术人员投入有所增加，但是需要激励更多的企业加强创新资源的投入。

（三）合作网络

对集群内合作网络情况主要从企业所在区域的合作网络基础、合作的参与程度和企业合作创新的深度三个方面进行分析，如表 3–10 所示。

表 3–10　集群内企业合作创新的参与程度

合作创新网络结成方式	参与的比重（%）
与区域内企业在共同开发、交易、融资方面进行洽谈	59.26
与区域内企业在共同开发、产品与服务交易、融资方面进行合作	37.04
向大学科研机构进行技术咨询	74.07
与大学科研机构进行合作研发	29.63
从大学科研机构接受技术转移	11.14
从大学科研机构、其他企业引进人才	69.23

资料来源：根据调查问卷计算。

就"企业所在区域的合作网络基础"而言，铁西装备制造产业集群初步具备了合作的网络基础。其中，回答"经常有技术交流会、产品展览会"的企业比重为 22.22%，分别有 74.07% 的企业认为没有因对方不守信用而受挫折的情况，14.81% 的企业认为这种情况不太多。但是，在知晓"以促进合作为业务的专业协调机构"、"地方政府合作研发项目"和"技术信息交流平台或场所"三项的企业比重分别为 25.93%、30.77% 和 40.74%，这说明这些方面的合作网络基础工作还有待加强。

就"合作的参与程度"而言，集群内企业对合作创新的参与度还需要加强。其中，集群内部企业间合作参与程度又高于同大学科研机构的合作。同时，在过去的 1 年中，有 69.23% 的企业都从外部（大学科研机构和其他企业）引进了人才。

就"企业合作创新的深度"而言，集群内参与合作创新的"洽谈/合作/咨询/合作/转移件数/引进人数"的平均数为 7.77 件。

整体上讲，集群已经初步具备了合作网络基础，企业间合作好于同大学科研机构的合作，尤其需要加强同大学科研机构合作的参与程度和创新的深度。

（四）创新活动

对创新活动情况主要从企业研究开发能力和企业产品开发、商业化能力两个方面进行分析，见表3-11。

表3-11 集群创新活动情况分析

企业研究开发能力	回答"是"的比重（%）
在过去1年，贵公司是否实施过研发项目	51.58
在过去1年，贵公司是否申请过专利	33.33
在过去1年，贵公司是否取得过国家、省、市级研究成果	29.63
企业产品开发、商业化能力	回答"是"的比重（%）
在过去1年中，贵公司是否进行了新产品的生产与加工	92.59
贵公司是否拥有国家级或省级、市级驰名商标	29.63
在过去1年中，贵公司是否设立了经营新产品的部门或子公司	66.67

资料来源：根据调查问卷计算。

就"企业研发开发能力"而言，该集群内有一定数量的企业实施过研发项目和申请过专利，所占比重分别为51.58%和33.33%。研发水平较高，仅有29.63%的公司在过去的1年中，取得过国家、省、市级研究成果。在过去1年中，集群内企业实施研发项目、申请专利和取得国家、省、市级研究成果的平均项目数为0.38。

就"企业产品开发、商业化能力"而言，有92.59%的企业在过去1年中，贵公司是否进行了新产品的生产与加工，有近3/10的企业拥有国家级或省级、市级驰名商标。

整体上讲，集群企业的产业开发与商业化能力较强，好于企业的研发能力，集群的研发水平亟须提高。

（五）创新绩效

对集群创新绩效的情况主要从企业销售收入增长和技术水平提高两个方面进行分析，见表3-12。

就"企业销售收入增长"而言，面对金融危机的冲击，依然有77.78%的企业过去1年中销售收入增加，并且有14.81%的企业认为与

表 3-12 创新绩效情况的分析

企业销售收入	回答"增加","较大贡献/有贡献"的比重（%）
与前年相比，贵公司去年的销售收入有何变化	77.78
与大学科研机构、其他企业的合作对销售收入增加有多大程度贡献	14.81
企业技术水平	回答"提高","较大贡献/有贡献"的比重（%）
与同行相比，贵公司去年的技术水平有何变化	51.85
与大学科研机构、其他企业的合作对技术水平提高有多大程度贡献	18.52

资料来源：根据调查问卷计算。

大学科研机构、其他企业合作创新对此有"较大贡献"或"有贡献"。

就"企业技术水平的提高"而言，有 51.85%的企业认为过去 1 年中技术水平得到了提高，有 18.52%的企业认为大学科研机构、其他企业合作创新对此有"较大贡献"或"有贡献"。

整体上讲，集群创新促进了企业销售收入的增长和技术水平的提高，同时，有近 20%的企业认识到加强同大学科研机构和其他企业合作创新对销售收入增加和技术水平提高的重要性。

四、铁西装备制造产业集群的成长动力与发展趋向

（一）铁西装备制造产业集群成长动力

1. 政府推动

如何将全国乃至全世界的装备制造企业和资源聚集到沈阳，这是能否实现把铁西区建设成为具有国际竞争力的世界级的装备制造业基地的重要前提。数量少、规模小、产业链短、价值链低端、本地配套差的集群，不是有竞争力产业集群发展的条件。针对沈阳装备制造集群现状，辽宁省和沈阳市采取多种措施，积极吸引国内外装备制造企业进入，并融入本地产业体系。例如，2010 年 5 月 27 日，召开的沈阳铁西机床·电气产业集群主题招商推介会，共吸引了国内外 110 多家机床、电气企业。这些制度设计的重要功能在于为本地化创新体系构建创造了技术学习的机会，因为大量高质量企业的进入无疑会"漏出"某些专有知识，而这些知识正是后来企业实现赶超的重要途径。与此同时，为了更好地服务装备制造产业发展，沈阳市还成立了"装备制

造业发展工作推进组"。其中，探索符合装备制造产业集群创新能力的新型组织方式就是沈阳市"装备制造业发展工作推进组"2010年的重要工作之一。目前，该区域正以新松机器人公司和机床集团的合作为突破口，探索产学研用相结合的高新技术产品市场化规模化的途径和模式。

2. 行业共性技术平台建设

围绕重点行业的创新平台搭建，又为沈阳装备制造集群升级提供了新的动力源。2010年6月30日，由沈阳特种机床联合会54家会员单位同中国科学院、东北大学、沈阳工业大学等单位共同发起组建了沈阳特种专用数控机床产业技术创新联盟。这种创新组织集成了特种专用机床设计、数控机床检测、机床模具设计与加工和数字化设计等服务，也聚集了区域内企业、大学和科研机构的创新资源，对于特种专用数控机床公共研发平台建设，实现资源共享，优化升级产业链具有重要的战略作用。

3. 开放式自主创新

在全球化时代，不最大限度在最广泛的范围内利用创新资源，就无法实现高效率的创新。沈阳装备制造产业集群中的一些领先企业已经认识到了这一点，开始从买产品、买图纸等引进基础上的模仿创新，向通过资本运作、在国外设立研发中心等方式优化配置全球创新资源，形成以我为主的创新体系。例如，沈阳机床、沈阳重型、沈阳远大企业集团等企业主动实施跨国资本运作，通过并购或成立控股公司的方式，在海外建立研发基地，强化自主创新能力，抢占市场制高点。

（二）铁西装备制造产业集群创新发展方向

尽管近年来铁西装备制造产业集群进入到了一个前所未有的发展良机，有的企业订单已经排到了几年之后，但是，如何构建一个能够支持集群持续创新的机制，仍然是一项艰巨任务。当前，需要重点加强如下几个方面的工作。

1. 科学定位国有企业

装备制造产业的战略性，决定着国有企业或者国有资本必须进入，而且要发挥主导作用。这就需要协调好中央直属企业、地方国有企业以及其他类型企业之间的利益关系。建议那些涉及重大国家民生的装备行业，可以弱化国有企业的盈利导向，强化其国家职能，该类国有企业的重要职能就是保持最低有效生产规模（但能够快速形成大规模生产能力以满足特殊时期的特殊需要）和保护相对独立的生产技术体系（包括人才储备）。调查发现，这类国有企业事实上在发挥着"创新孵化器"的作用，培养了大量的技术骨干和新的创业者，而这些主体又成为该类国有企业的外围配套企业甚至竞争者。对于其他竞争型的装备制造企业，国有或国有控股企业必须强化盈利导向，同时积极鼓励非国有资本进入。

2. 培养集群软实力

经过合理选择投资者、招商引资等集群形成初期的必要政策支持之外，围绕沈阳铁西进而沈阳装备制造的品牌和品质提升设计相关制度，应是当务之急。地方政府要逐渐从侧重招商引资的初级工作，转向有助于提高集群声誉和持久吸引力的相关制度安排和机制创新，这将直接影响沈阳铁西装备制造产业集群的进一步发展。这些措施可以涉及区域声誉文化培育与强化、区域内产业关系网络优化、企业家精神和创业氛围营造等内容。这些涉及软实力的相关制度设计是集群本地化特点和专有竞争优势维持的关键之所在。

3. 建设新型产业关系网络

铁西装备制造产业集群是一个多种行业聚集的现代工业区，每个行业相对自成体系，地区内的产业配套率不是很高。实际访谈显示，有的领先企业或主导企业的本地化采购比率仅为30%左右。这种状况与成套装备的市场需求有很大关系（定制化），有的客户的"点装"也限制了本地采购比率。这种情况从另一个方面反映出本地配套质量和水平还停留在较低层次，在高品质供应商没有进入当地的条件下，全球化采购客观上弱化了本地产业关联。因此，积极采取措施在吸引世界高水平零部件厂商进入的同时，可以重点培养一批本地化的高水平零部件供应商，在总设计、总装厂与零部件供应商，以及用户之间形成一种稳定的合作伙伴关系。

4. 推动有条件的优势企业上市

作为一个技术含量相对高、资本密集型的产业聚集区，沈阳装备制造产业集群的资本结构较为单一，较多地依靠国有资本和外资资本，对更广泛的社会资本吸纳不够，这主要是没有充分利用资本市场特别是证券市场的投融资功能。目前，仅有沈阳机床等少数几家企业是上市公司。政府应采用重点扶持和培养等方式，推进沈鼓、北方重工、远大、沈阳机床、北方交通重工等骨干企业尽快实现上市和增发，推进蓝英自动化、中科仪等一批符合条件的中小企业在中小板和创业板上市，从而让这些企业调动更多的资源向优势领域集中，同时也逐渐让这些企业接受市场的检验，成为能够抗击多重风险的有持续竞争力的领先企业。

第四章 辽宁先进装备制造产业的科技创新支撑体系

第一节 辽宁先进装备制造产业的科技创新支撑体系的发展

从 20 世纪 50 年代初到 80 年代末，国家通过一系列重点工业项目规划和建设带动了辽宁重化工业的发展。这一阶段新中国第一台水轮发电机（1952，沈阳高压开关厂）、涡轮喷气发动机（1956，沈阳黎明发动机公司）、喷气式歼击机（1956，沈阳滑翔机厂）、数控机床（1975，沈阳第一机床厂）、无缆水下机器人"探索者"号（1994，沈阳自动化研究所）等自主创新产品相继在辽宁诞生。这些技术积淀和相应的工业基础建设为辽宁省重化工业，尤其是装备制造产业的快速发展奠定了基础。这一阶段的辽宁装备制造产业科技支撑体系正在计划经济体制下初步形成，但其对装备制造产业的科技支撑作用尚未凸显。1985 年出台的国家科技体制改革的决定，为辽宁装备制造产业科技支撑体系的快速发展创造了条件。快速发展的辽宁省装备制造产业科技支撑体系的大体可以划分为如下四个发展阶段：

一、科技体制改制阶段（1985~1991 年）

1985 年 3 月 13 日，中共中央作出《关于科学技术体制改革的决定》。辽宁省政府也从 1985 年开始进行科技体制改革，初步建立了适应社会主义市场经济体制的以企业为主体的技术创新体系。这一阶段，辽宁科技支撑体系正处于市场经济体制下的科技体制改制探索阶段，辽宁的企业、高校和科研机构技术基础较好，但尚未形成良好的产学研合作，高校以及科研机构的基础性研究工作绩效较为突出，但这些研究成果无法转化为能够满足企业需求和市场需求的现实技术或产品。截至 1991 年，辽宁所拥有的科学研究与技术开发机构数、大中型工业企业以及企业办技术开发机构数、高等院校、科技情报与文献机构等机构数和科技人员情况均位于全国前列，其中辽宁省科学研究与技术开发机构、大中型企业的科技活动人员数量在全国排名第一，如表 4-1 所示。

表 4-1 1991 年辽宁省科技支撑体系情况

指标		山东	江苏	辽宁	国内排名
科学研究与技术开发机构	机构数（个）	276	262	308	1
	科技活动人员（人）	19983	19570	20362	3
大中型工业企业	企业数（个）	1267	1342	920	5
	科技活动人员（人）	34117	60816	66406	1
	企业办技术开发机构数（个）	696	824	576	3
高等院校	机构数（个）	34	25	21	8
	科技活动人员（人）	15740	14869	11374	8
	高校属研究开发机构数（个）	91	54	13	18
科技情报与文献机构	机构数（个）	21	16	16	5
	科技活动人员（人）	618	598	517	6

资料来源：中国科技统计年鉴（1992）。

二、高新区引领发展阶段（1991~2001 年）

1991 年 3 月，沈阳高新区（1988 年 5 月成立）被国务院首批批准为国家级高新区。1992 年，国家科委体制改革司决定，在北京、沈阳、重庆、武汉和广东中山市五个高新技术产业开发区率先实施改革。其中，沈阳开发区依靠现有的工业基础和科技力量发展高新技术产业，并探索利用高新技术改造传统产业的路子。辽宁装备制造产业由此进入了以具有较强资源集聚效应和区位效应的高新区引领发展阶段。这一阶段，辽宁形成了沈阳、大连、鞍山三个国家级高新区，锦州、营口、辽阳、葫芦岛四个省级高新区。这些高新区依托传统产业优势，在技术引进、消化、吸收再创新基础上逐步向产业的高技术化、高附加价值化发展。辽宁高新区的建设为企业成为真正的创新主体创造了条件，其有效地将区域范围内的各类科技活动主体关联起来，形成了以高新区为载体的初步的科技支撑体系。由于高新区所界定的区域范围通常比较大，涉及的产业较多、科技活动的主体也较多，本地科技支撑体系对辽宁装备制造产业企业的支撑作用还未凸显。

截至2001年，辽宁科技支撑体系中，科学研究机构、高等院校等机构科研人员和科技投入情况在国内排名均位居前列，其中大中型工业企业虽然总数排名全国第11位，但辽宁大中型工业企业在科技活动人员和科技活动经费筹集方面全国排名较高，分列第4、5位，这表明辽宁省以企业为创新主体的科技创新体系基本形成，这些企业积极增加在科技活动中的人员和资金的投入，以更好地推进企业的科技创新活动，如表4-2所示。

表4-2 2001年辽宁省科技支撑体系情况

	指标	山东	江苏	辽宁	国内排名
科学研究与技术开发机构	科技活动经费筹集总额（万元）	152265	456272	220203	7
	科技活动人员（人）	15216	25925	19500	7
大中型工业企业	企业数（个）	2629	2273	869	11
	科技活动经费筹集总额（万元）	1344926	1183666	510288	5
	科技活动人员（人）	149196	148527	82448	4
	企业科技机构数量（个）	850	977	266	7
高等院校	科技活动经费筹集总额（万元）	49945	203374	93464	9
	科技活动人员（人）	16984	29646	18899	5

资料来源：中国科技统计年鉴（2002）。

三、产业集群引领发展阶段（2002~2011年）

2002年，沈阳铁西区和沈阳经济技术开发区合署办公成立铁西新区，由此开启了辽宁装备制造产业集群化发展阶段。这一时期，辽宁依托产业链和技术链形成了一批融合高校、科研机构、政府、中介机构以及企业等众多的参与主体的区域特色产业集群。在政府的支持和规划下，这些产业集群的规模和水平不断提高，实现了装备制造产业的高技术化，并逐渐向产业链的高端延伸。截至 2010 年，辽宁形成了铁西机床及功能部件产业集群、大连湾临海装备制造产业集群、沈阳民用航空产业集群、普湾新区高端装备制造业产业集群、大连软件和信息技术服务产业集群、抚顺先进能源装备制造产业集群等辽宁"十二五"重点规划产业集群。这些装备制造业产业集群生产的主导产品涵盖了汽车及零部件、机床及零部件、飞机大部件、核电设备、大型石化设备、海洋工程设备、船舶配套、数控机床、机电设备、起重机、重型矿山设备等众多产品类型。

产业集群作为推动辽宁产业发展实现规模经济和范围经济的重要载体，能够有效地实现科技创新资源在区域范围的集聚和集中，更好地激发以集群为创新主体的装备制造产业科技创新体系的资源集聚与功能效应的释放。这一阶段，辽宁装备制造产业科技支撑体系在产业集群的框架体系下已经形成，各种科技活动的主体通过与产业集群内部企业的各种关联，建立与企业良性互动的产学研合作关系，更好地支撑了辽宁装备制造产业的发展，有针对性地解决了装备制造产业发展过程中的各种问题。产业集群将是助推辽宁装备制造产业和科技支撑体系快速发展的重要方式和途径。截至 2010 年，辽宁科技支撑体系的产业集群引领阶段已经历时近 10 年时间，对比 2010 年和 2001 年辽宁科技支撑体系的状况可以发现，辽宁研究与开发机构的科技活动经费总额全国排名由第 7 位上升到第 6 位，大中型工业企业的企业数量由第 11 位上升到第 10 位；研究与开发机构的科技活动人员、大中型工业企业的科技活动经费总额在全国的排名保持不变；其余各项指标在全国排名均略有下降，如表 4-3 所示。从 2001~2010 年，辽宁科技支撑体系的各个参与主体的各项指标较 2001 年均有较大幅度的增长，个别指标增长 3~4 倍（例如，大中型工业企业科技活动经费筹集总额指标）。辽宁科支撑体系总体水平仍位于全国前列。

表4-3 2010年辽宁省科技支撑体系情况

指标		山东	江苏	辽宁	国内排名
研究与开发机构	科技活动经费筹集总额（万元）	270053	787121	441462	6↑
	科技活动人员（人）	11179	20085	13047	7-
大中型工业企业	企业数（个）	3824	5418	1505	10↑
	科技活动经费筹集总额（万元）	5269241	5513458	1913437	5-
	科技活动人员（人）	172864	239385	63315	7↓
	企业科技机构数量（个）	1548	2702	358	13↓
高等院校	科技活动经费筹集总额（万元）	185529	519583	230712	10↓
	科技活动人员（人）	27130	35792	30407	6↓

资料来源：中国科技统计年鉴（2011）。

四、协同创新发展阶段（2011年至今）

为了贯彻落实胡锦涛同志在清华大学百年校庆上提出的以协同创新促进高等教育与科技、经济、文化有机结合，支撑创新型国家和人力资源建设的重要讲话，教育部决策实施"高等学校创新能力提升计划"，由协同创新体即高校联合科研院所、行业企业、地方政府以及国际社会创新力量共同开展协同创新活动，解决重大前瞻性科学问题、行业产业共性技术问题、区域经济与社会发展关键问题以及文化传承创新等突出问题。"高等学校创新能力提升2011计划"中，由北京科技大学、东北大学和钢铁研究总院共同组建的钢铁共性技术协同创新中心，以及由哈尔滨工程大学牵头，武汉理工大学、大连理工大学、天津大学、华南理工大学和江苏科技大学共同组建的深海工程与舰船技术协同中心相继成立。2011年9日，由大连理工大学牵头组织实施，沈阳工业大学、大连交通大学、大连船舶重工集团有限公司等单位共同发起组建的辽宁省高端装备协同创新中心在大连理工大学成立。上述旨在解决辽宁装备制造产业发展的共性技术问题和重大前瞻性问题。协同创新中心的成立，充分发挥了高校的多学科、多功能的综合性、基础性优势，并以企业为创新中心形成了多元、动态、融合、持续的协同创新发展模式，搭建良好的产业共性技术研发平台，标志着辽宁装备制造产业科技支撑体系由此进入协同创新发展阶段。

2012年前三季度，辽宁装备制造业企业有5754家；从业人员平均人数 121.5 万人；工业销售产值实现 11009.3 亿元；出口交货值实现 1113.5 亿元；主营业务收入 10589.2 亿元；利润总额实现 498.3 亿元。对于工业销售产值，与装备制造业发达地区相比，辽宁通用设备制造业、专用设备制造业、铁路、船舶、航空航天和其他运输设备制造业以及金属制品、机械和设备修理业都处于优势地位。其中，通用设备制造业工业销售产值为 2855.1 亿元，占全国 10.6%；专用设备制造业工业销售产值为 1506.5 亿元，占全国 7.6%；铁路、船舶、航空航天和其他运输设备制造业工业销售产值为 1117.2 亿元，占全国 9.3%；金属制品、机械和设备修理业工业销售产值为 78.9 亿元，占全国 12.6%。而对于出口交货值，辽宁仅铁路、船舶、航空航天和其他运输设备制造业具有明显优势，出口交货值为 378.7 亿元，占全国 12.8%，同比增长 0.3%，增幅高于全国 5.2 个百分点。①

第二节　辽宁先进装备制造产业科技创新支撑体系的基本结构

一、企业科技创新主体

2011 年，辽宁省装备制造产业企业共 6224 家，有科技机构的企业占 6%，装备制造产业工业总产值达 13641 亿元。其中，通用设备制造业产值最高，为 4249 亿元，通信设备、计算机及其他电子设备制造业最低，为 927 亿元。辽宁装备制造产业中 R&D 人员共 42390 人，R&D 经费内部支出共计 154.7 亿元。其中，交通运输设备制造业 R&D 经费内部支出最高为 79 亿元，通用设备制造业次之，为 30 亿元，如表 4-4 所示。

---

① 中国贸易救济信息网，http://www.cacs.gov.cn/cacs/dongtai/cityShow.aspx？pname=%E8%BE%BD%E5%AE%81&id=147&articleId=109404.

表4-4　2011年辽宁省装备制造产业数据

行业	企业数	有科技机构的企业数	工业总产值（万元）	R&D人员	R&D经费内部支出（万元）
金属制品业	825	24	14024879	1482	22369
通用设备制造业	2581	120	42497064	12011	300027
专用设备制造业	940	61	17822328	7419	193436
交通运输设备制造业	646	36	32878744	14281	790462
电气机械及器材制造业	830	57	18011205	3931	110654
通信设备、计算机及其他电子设备制造业	215	30	9279204	2135	110825
仪器仪表及文化、办公用机械装备制造业	187	26	1904494	1131	19196
总计	6224	354	136417918	42390	1546969

资料来源：辽宁科技统计年鉴（2012）。

辽宁高端装备制造产业企业包含了智能制造装备、航空装备、海洋工程、轨道交通设备等领域的众多优秀企业。2011年，沈阳机床实现机床销售收入27.38亿美元，位列世界机床行业首位；沈飞集团作为现代化飞机制造企业，具有各类干线、支线飞机大部件制造能力和通用飞机研制能力，并参与具有自主知识产权的国产ARJ21新支线飞机研制，承担了近1/4工作量，拥有各类近百条飞机制造特种工艺专业生产线，在钛合金机械加工、大型复合结构件的数控加工、复合材料加工等方面处于国内领先地位。沈阳黎明作为我国第一家航空发动机生产企业，创下中国航空发动机领域的多项第一，是大中型航空发动机科研生产基地，承担了多个重点型号的新机和系列发动机的生产和修理。大连船舶重工集团是目前国内规模最大、建造产品最齐全、最具有国际竞争力的现代化船舶总装企业，进入世界造船企业前5强，拥有军工、造船、海洋工程、修船和重工五大产业，2011年销售收入达280亿元，实现利润约29亿元。大连机车是我国最大的内燃机车设计制造和出口基地，电力机车生产技术处于国内领先水平。多年来，设计制造了50多种不同类型机车，多数成为我国铁路客货运输的主型机车，总产量占全国同类产品保有量50%以上，机车产量规模在国内具有绝对优势，在国际上也处于前列，内燃机车出口占全国总量的

80%以上。2011 年，完成新造机车约 700 台，全年营业收入达到 115 亿元。①

二、科技创新基础

2010 年，辽宁共拥有高等学校 157 所，从业人员总计 112803 人，R&D 人员合计 30407 人，其中博士毕业人员 6462 人，硕士毕业人员 12370 人，本科毕业人员 9740 人；R&D 人员全时当量 15665 人/年，其中研究人员 13621 人，基础研究 6547 人，应用研究 8068 人，试验发展 1243 人；申请的 R&D 课题数 20876 项，发表科技论文 43629 篇，出版科技著作 2536 种，专利申请 4363 件。辽宁共有研究与开发机构 167 所，从业人员 20640 人，R&D 人员合计 13047 人，其中博士毕业 1952 人，硕士毕业 3271 人，本科毕业 5612 人；R&D 人员全时当量 22506 人/年，其中，研究人员 11253 人，基础研究 1255 人，应用研究 3694 人，试验发展 6304 人；申请 R&D 课题 1466 项，投入人员 9947 人/年，投入经费 24 亿元；发表科技论文 4312 篇，出版科技著作 73 种，专利申请 963 件，有效发明专利 1679 件，形成国家或行业标准 18 项。②

辽宁拥有众多的国家级实验室、技术中心、产业孵化器、博士后工作站、本地科技平台。例如，大连理工大学拥有 3 个国家重点实验室，分别是工业装备结构分析国家重点实验室、海岸和近海工程重点实验室、精细化工国家重点实验室；7 个国家"211 工程"重点学科，11 个省级重点学科，9 个博士后流动站，并成立了大连理工大学（辽宁）校企合作委员会、校企业合作研究院、科技合作基地等，以支撑产学研合作。③东北大学现有 9 个博士后科研流动站，国家级重点学科 7 个，拥有流程工业综合自动化及轧制技术及连轧自动化 2 个国家重点实验室，国家工程技术研究中心 3 个，教育部重点实验室 3 个。④在

---

① 国家发改委网站，http://www.chinaneast.gov.cn/2012-05/04/c_131567882.htm.
② 数据根据中国科技统计年鉴（2011）整理。
③ 大连理工大学官网，http://www.dlut.edu.cn/.
④ 东北大学官网，http://www.neu.edu.cn/.

产业孵化器方面，辽宁从 1987 年开始经历了从无到有的过程，目前全省科技企业孵化器达到 120 余家，其中国家级科技企业孵化器 24 家，孵化场地面积达 330 万平方米，在孵企业 3700 家，2010 年实现工业总产值 130 亿元。[①]

三、科技创新环境

2013 年 3 月，科技部发布了《国家高新技术产业开发区创新驱动战略提升行动实施方案》，该方案将作为未来 10 年指导我国高新区发展的重要意见，指出到 2020 年，努力将国家高新区建设成为自主创新的战略高地，培育和发展战略性新兴产业的核心载体，转变发展方式和调整经济结构的重要引擎，实现创新驱动与科学发展的先行区。[②] 以创新驱动战略促进高新区再上新台阶，将成为辽宁高新区发展的任务重点；在这一政策的推动下辽宁将延续高新区引领辽宁产业发展的各种效应，带动辽宁社会经济结构的调整和优化。

2013 年 3 月 31 日，科技部制定了《创新型产业集群试点认定管理办法》及创新型产业集群评价指标体系，指出创新型产业集群需满足集群产业链企业、研发和服务机构相对集聚，建立了产业或技术联盟；骨干企业为具有核心知识产权品牌并能够参与国际、国家或行业标准制定的高新技术企业或创新企业；拥有与集群产业链相关联的研发设计、创新孵化、技术交易、投融资和知识产权等服务机构以及科研院所和教育培训机构等条件。[③] 这一认定管理办法的出台，明确了国家大力支撑创新型集群和高新技术产业发展的具体方式或途径。辽宁目前正处于以产业集群快速推动辽宁产业结构调整和优化升级的重要战略时期，集群的资源集聚和功能释放效应是产业实现规模经济和范围经济的重要载体，继续以产业集群方式推动辽宁社会经济的发展具有重要的战略意义。创新型产业集群与高新区实施方案、协同创新中心的建立和推广一起，将对辽宁省社会经济的发展发挥重要的作用。

---

① 中华人民共和国科学技术部网站，http://www.most.gov.cn/dfkj/ln/zxdt/201109/t20110921_89753.htm.
② 中华人民共和国科学技术部网站，http://www.most.gov.cn/tztg/201303/t20130321_100309.htm.
③ 中华人民共和国科学技术部网站，http://www.most.gov.cn/tztg/201303/t20130321_100310.htm.

2013 年 4 月，国家发改委、科技部、工业和信息化部、财政部联合编制的《全国老工业基地调整改造规划（2013~2022 年）》获得国务院批复，该规划将作为今后一个时期指导全国老工业基地调整改造的行动纲领。该规划强调，老工业基地产业结构优化升级、节能减排、科技创新能力提升、城市空间布局优化等方面都将作为调整改造的工作重点。[①] 在全国老工业基地调整改造规划、经济发展方式转变、辽宁沿海经济带上升为国家战略的背景下，国家以及辽宁省政府针对产业集群、高新区和协同创新中心建设出台的一系列实施办法和方案，将有效地促进辽宁省大学、政府、科研机构、企业、产业、中介机构之间的各种关联合作，围绕辽宁装备制造产业发展的重大问题和关键共性技术形成良好的官、产、学、研合作模式，促进辽宁装备制造产业科技支撑体系的良性发展。

第三节　辽宁先进装备制造产业科技创新
支撑体系的绩效评价

辽宁科技支撑体系主要包括四个方面的主体：一是来自企业内部的、自主建立的研究与开发机构，它们对辽宁装备制造产业的科技创新活动起到直接的支撑作用；二是高校和科研院所，它们以基础性的知识和资源供给支撑辽宁装备制造产业、企业的发展；三是政府，以各种政策措施和扶持办法从大方向上支撑并促进装备制造产业的发展；四是中介机构以及行业协会、金融机构等，它们以各种不同的方式或途径（技术、咨询、资金等）支撑辽宁装备制造产业的发展。这四个部分之间的交互作用共同促进辽宁装备制造产业创新绩效的提升，如图 4-1 所示。[②]

---

① 辽宁省科技厅网站，http://www.lninfo.gov.cn/kjzx/show.php？itemid=428995.
② 由于中介机构、行业协会以及金融机构等对辽宁装备制造产业的支撑方式和途径较为多样性，且无法量化为统一的指标，因此未将该参与主体列入研究范围。

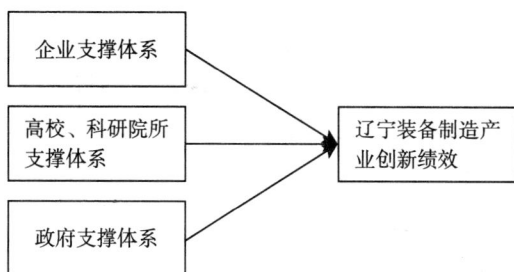

图 4-1　辽宁装备制造产业科技支撑体系绩效评价框架模型

　　为了能够更为准确地考察辽宁装备制造产业科技支撑体系对装备制造产业创新绩效的影响，可以通过辽宁装备制造产业科技创新活动的创新投入和创新产出相关指标，来评价产业整体创新绩效情况，并用来自辽宁装备制造产业企业内部自主建立的研究与开发机构的科技活动投入、高校和科研院所与辽宁装备制造产业企业相关的科技活动投入、政府与辽宁装备制造产业企业相关的科技活动投入，分别表征企业支撑体系、高校和科研院所支撑体系、政府支撑体系，并测度三个支撑体系对辽宁省装备制造产业整体创新绩效的影响。

一、计量模型

　　技术效率是指产出与投入之间的关系，反映了对现有资源有效利用的能力。从投入角度来看，技术效率是相同产出下最小可能性投入与实际投入的比率；从产出角度来看，技术效率是相同投入下实际产出与理想产出的最大可能性产出的比率。技术效率可用生产前沿分析方法度量，其估计方法根据是否已知生产函数的具体形式可分为非参数估计方法和参数估计方法。非参数估计方法是运用线性规划方法实现对技术效率的测度，以数据包络分析（DEA）为代表；参数估计方法是运用计量模型对前沿生产函数的参数进行估计，以随机前沿分析（SFA）为代表。两类方法各有利弊，DEA 可测度一定时期内多投入多产出的效率，且能够将技术效率与技术进步区分，但估计值的可信度较弱；SFA 可测度符合固定生产函数形式的效率，且能考虑随机因素对效率的影响。因此，DEA 具有较好的管理决定效应；SFA 则有较强的政策倾向。根据本书研发方向和数据特点，本书采用 SFA 测度辽宁高端装备制造业的技术效率。

随机前沿分析（SFA）兴起于 20 世纪 70 年代末，逐渐受到研究者和实践工作者的关注，在经济学和管理学的效率研究领域得到了广泛的应用。美国数学家 Charles Cobb 和经济学家 Paul Dauglas 提出了 C–D 型生产前沿，随后，Aigner 等（1977）和 Meeusen 等（1977）分别提出了随机前沿生产函数模型：

$$\ln q_i = x_i' \beta + v_i - u_i \tag{4-1}$$

此模型在 Aigner 和 Chu（1968）的基础上增加了统计噪声的对称随机误差项 v_i。众多学者将模型（4-1）进行扩展，形成了涉及成本和生产函数、时间序列、面板数据、半正态分布和截尾正态分布诸多方面的模型。本文选择了 Battese 和 Coelli（1995）模型，对辽宁装备制造业的 7 个行业进行实证分析。[①] 具体估计模型如下：

$$\ln(Y_{it}) = \beta_0 + \beta_1 \ln(L_{it}) + \beta_2 \ln(K_{it}) + (v_{it} - u_{it}) \tag{4-2}$$

$$TE_{it} = \exp(-u_{it}) \tag{4-3}$$

$$\gamma = \sigma_u^2 / (\sigma_v^2 + \sigma_u^2) \tag{4-4}$$

$$m_{it} = z_{it}\delta \tag{4-5}$$

其中，式（4-2）为前沿函数，i、t 分别代表产业和时间，Y_{it} 为产业 i 在 t 年的新产品产出；K_{it} 为产业 i 在 t 年的资本投入；L_{it} 为产业 i 在 t 年的劳动力投入。式（4-3）为效率计算函数，表示该行业在第 t 年的效率水平。式（4-4）为随机前沿模型的判断函数，若 $\gamma = 0$ 通过检验，则说明所有产业均处于技术效率状态。式（4-5）为技术无效率函数，z_{it} 为科技支撑体系 3×1 维的向量，包括企业支撑体系因素（z_1）、高校支撑体系因素（z_2）、政府支撑体系因素（z_3）三方面。为了考虑资本与劳动力的交互作用，式（4-2）可扩展为：

$$\ln(Y_{it}) = \beta_0 + \beta_1 \ln(L_{it}) + \beta_2 \ln(K_{it}) + \beta_3 \ln(K_{it})^2 + \beta_4 \ln(L_{it})^2 + \beta_5 \ln(L_{it})\ln(K_{it}) + (v_{it} - u_{it}) \tag{4-6}$$

二、数据来源

为了挖掘科技支撑体系对辽宁高端装备制造业影响的结构化差异，

---

① Battese 和 Coelli（1995）模型是以 C–D 函数作为前沿函数的具体形式的面板数据模型。

本文选择了金属制品业、专用设备制造业、通用设备制造业、交通运输设备制造业、电气机械及器材制造业、通信设备、计算机及其他电子设备制造业和仪器仪表及文化、办公用机械装备制造业 7 个装备制造业的 2005~2011 年面板数据进行估计。[①] Y 用大中型工业企业新产品产值，表征辽宁装备制造业科技活动的产出情况。K 用大中型工业企业科技活动经费支出中的固定资产构建指标，表征辽宁装备制造业科技活动的资本投入情况。L 用大中型工业科技活动人员合计指标，表征辽宁装备制造业科技活动的人员投入情况。Z_1 用大中型工业企业所办科技机构的科技经费内部支出，表征辽宁装备制造业企业对自身科技创新活动的支撑作用。Z_2 用大中型工业企业外部经费支出中的对研究院所及高等学校支出指标，表征辽宁省高校和研究机构对本装备制造产业科技创新活动的支撑。本书认为，企业对高校、科研院所的外部经费支出，主要用于企业与大学、科研机构共同的产学研合作活动，企业的经费支出会换以高校、科研机构的科研成果或问题突破等对企业科技创新的科技支持为回报，故用此指标表征高校、科研机构对企业的支撑情况。Z_3 用大中型工业企业科技活动经费筹集总额中的政府资金，表征政府机构对辽宁装备制造产业科技活动的支撑情况。数据源自《辽宁科技统计年鉴》（2006~2009，2011~2012）和《辽宁省第二次 R&D 资源清查资料汇编》（2009）。各行业数据的描述性统计，如表 4-5 所示。

表 4-5 各变量描述性统计分析

	N	Minimum	Maximum	Mean	Std. Deviation	Skewness	Kurtosis
Y	49	16248.00	73263620.00	15852234.1837	18917178.07138	1.616	1.826
K	49	3420.00	1024738.00	220334.5714	249990.50240	1.512	1.804
L	49	267.00	17635.00	5839.7551	5022.11054	0.891	−0.188
Z_1	49	6290.00	2960710.00	534103.5918	639779.94745	2.539	7.158
Z_2	49	0.00	554690.00	36967.9388	90171.76860	4.699	24.449
Z_3	49	0.00	1839700.00	186884.4898	373733.61297	3.015	9.323

---

① 因高端装备制造业数据无法获得，研究团队选择用装备制造业数据表征。

三、实证结果分析

运用 Frontier 4.1 软件对 2005~2011 年辽宁 7 个装备制造业面板数据分别估计式（4-2）、式（4-5）和式（4-6）、式（4-5）对应的计量模型。①两个计量模型的各项参数估计结果如表 4-6 所示。

表 4-6　模型参数的最大似然估计结果

	模型 1		模型 2	
	系数	t 检验值	系数	t 检验值
前沿生产函数				
截距	6.84***	6.26	4.75	0.56
lnK	0.13	0.46	1.24***	3.15
lnL	0.94***	2.64	1.20	0.52
$(\ln K)^2$			−0.18***	−2.62
$(\ln L)^2$			−0.31***	−3.26
lnK*lnL			0.36	1.52
技术无效函数				
截距	4.86	0.32	12.57***	8.88
Z_1	0.00	0.00	−0.67***	−5.68
Z_2	−0.27	−0.81	−0.08*	−1.57
Z_3	−0.41***	−3.38	−0.14***	−3.60
方差参数				
δ^2	0.71	0.81	0.21***	5.01
γ	0.40	0.36	1.00***	270.89
诊断和其他信息				
Log 函数值	−49.20***		−26.17***	
样本数	49.00		49.00	
年数	7.00		7.00	
横截面数量	7.00		7.00	

注：***、**、* 分别表示系数通过 1%、5%、10% 的显著水平检验，技术无效函数中的负号表示变量对技术效率有正向影响。

如表 4-6 所示，模型 1 的 γ = 0.40，表示前沿生产函数的误差有40% 的成分源于科技支撑体系变量，不可控因素产生的噪声占据 60%；模型 2 的 γ = 1.00，表示前沿生产函数的误差均源自科技支撑体系变

---

① 式（4-2）、式（4-5）简称为模型 1，式（4-6）、式（4-5）简称为模型 2。

量，不可控因素产生的噪声影响可忽略不计。前沿生产函数和技术无效函数中，模型 2 通过 t 检验的系数高于模型 1，模型 2 通过检验的有 5 个，模型 1 仅有 2（不考虑截距项），且模型 2 各项统计指标较为理想。因此，本文选择模型 2 作为最终的实证模型。模型 2 中，$\ln K$、$(\ln K)^2$、$(\ln L)^2$、Z_1、Z_2、Z_3 均通过 t 值检验，在各自显著水平下，不为 0；$\ln L$ 和 $\ln K * \ln L$ 未通过 t 值检验。

通过对模型 2 的估计，本书获得了 7 个行业 2005~2011 年的创新效率，如图 4-2 所示。其中，交通运输设备制造业的创新绩效最高，且显著高于其他 6 个产业的创新绩效。通用设备制造业和专用设备制造业的绩效比较接近，且二者均领先于余下 4 个产业，值得关注的是，专用设备绩效在 2009 年有显著提升，但在其后两年有所回落。仪器仪表及文化、办公用机械装备制造业和金属制品业的创新绩效较低，且提升速度较慢。

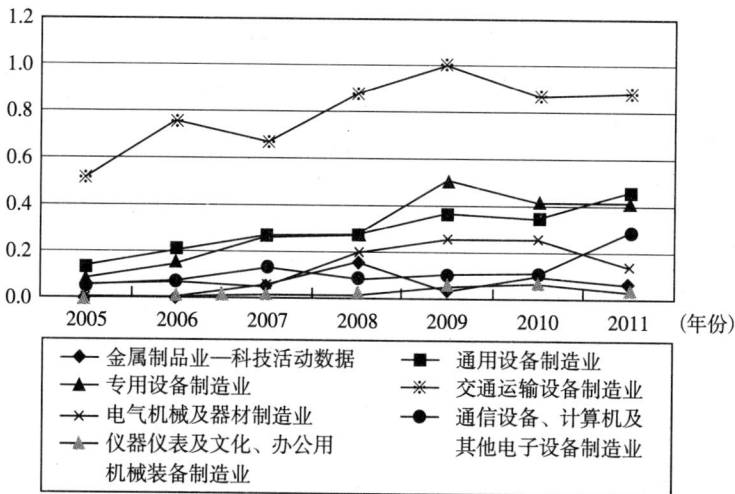

图 4-2　各产业创新效率

为揭示不同行业创新绩效的特点，这里利用 PASW Statistics 18 软件对 2011 年 7 个产业的创新效率、Z_1、Z_2、Z_3 四个变量进行聚类分析。本文选择采用组间连接法的分层聚类法进行聚类。如图 4-3 所示，7 个产业分为两类，第一类仅有交通运输设备制造业，第二类包括余下 6 个产业。无论是创新绩效，还是科技支撑体系的投入，交通运输设备制造业均高于其他 6 个产业。2005 年以来，交通运输设备制造业的各支撑体系均高于其他产业，尤其是 2007 年开始，企业支撑体系和政府支撑体系在交通运输设备制造业的投入陡然增加。而如图 4-4 所示，2007 年交通运输设备制造业的创新绩效突然下降，2008 年其创新绩效才显著提升。这表明创新投入的增加，并不会在当年产生积极效果，甚至会导致创新绩效的降低，经过 1 年时间对创新资源的整合和吸收，创新投入才能产生积极作用。高校支撑体系的投入明显低于企业和政府支撑体系，且 7 个产业的投入水平较为接近，仅交通运输设备制造业在 2010 年和 2011 年的投入才有显著提升。

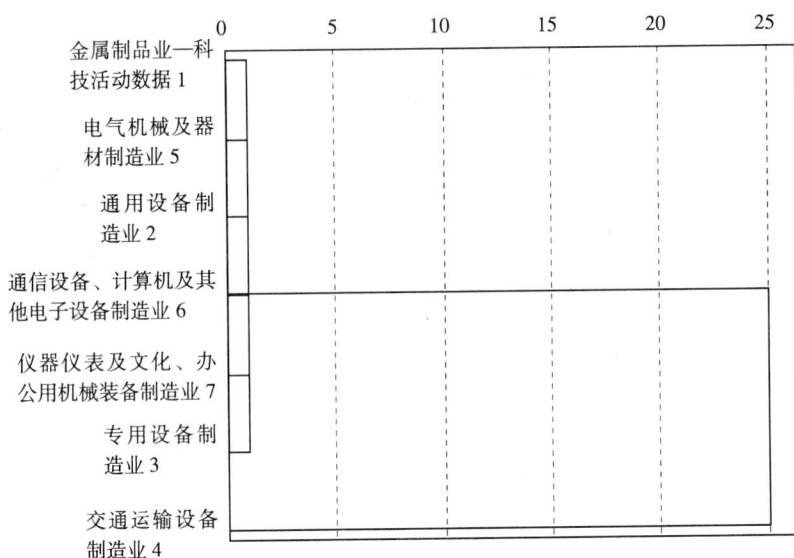

图 4-3　聚类分析龙骨图

模型 2 结果显示，科技活动和创新活动中劳动力的投入对创新绩效影响并不显著，科技活动和创新活动中资本投入对创新绩效影响显著，劳动力与资本交互作用也并不明显。这表明，辽宁高端装备制造业的科技活动以及创新活动仍处于初级阶段；资本投入，尤其是研发设备的投入对创新绩效提升具有显著作用。而具有创新主观能动性的劳动力，对绩效影响不显著。一方面，在一定程度上反映了辽宁高端装备制造业的科技创新活动仍处于模仿创新或简单的创新阶段，创新

企业支撑系投入

（万元）

3500000
3000000
2500000
2000000
1500000
1000000
500000
0

2005　2006　2007　2008　2009　2010　2011　（年份）

- 金属制品业—科技活动数据
- 通用设备制造业
- 专用设备制造业
- 交通运输设备制造业
- 电气机械及器材制造业
- 通信设备、计算机及其他电子设备制造业
- 仪器仪表及文化、办公用机械装备制造业

高校支撑体系投入

（万元）

600000
500000
400000
300000
200000
100000
0

2005　2006　2007　2008　2009　2010　2011　（年份）

- 金属制品业—科技活动数据
- 通用设备制造业
- 专用设备制造业
- 交通运输设备制造业
- 电气机械及器材制造业
- 通信设备、计算机及其他电子设备制造业
- 仪器仪表及文化、办公用机械装备制造业

政府支撑体系投入

（万元）

2000000
1500000
1000000
500000
0

2005　2006　2007　2008　2009　2010　2011　（年份）

- 金属制品业—科技活动数据
- 通用设备制造业
- 专用设备制造业
- 交通运输设备制造业
- 电气机械及器材制造业
- 通信设备、计算机及其他电子设备制造业
- 仪器仪表及文化、办公用机械装备制造业

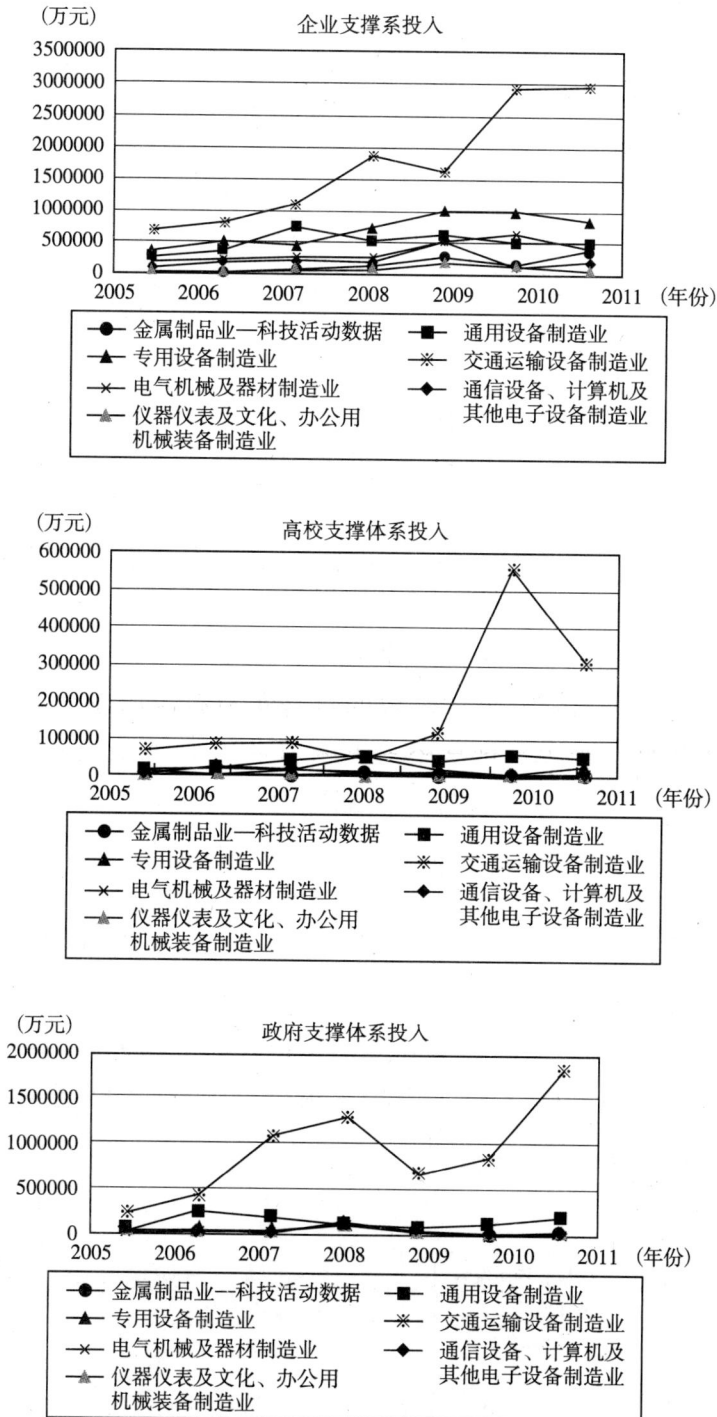

图4-4　各支撑体系的投入

主观能力性并非是提升该阶段的关键要素；另一方面，也可能反映了辽宁（高端）装备制造业的研发人员的研发能力薄弱，研发人员的综合实力有待提升。

在科技支撑体系中，企业支撑体系对于创新绩效影响最为显著，影响系数为−0.67；政府支撑体系次之，影响系数为−0.14；高校科研院所最弱，影响系数为−0.08，如图 4−5 所示。这表明，企业更了解自身的研发需求，且企业的技术路径和技术基础更适应其技术发展，企业更重视自身的支撑体系，其研发投入也最高。这间接地证明了，1985年辽宁实施科技体制改革以来，以企业为创新主体的创新体系已经基本形成，企业承担着科技创新的重要活动。辽宁作为老工业基地，政府对工业的发展具有部分南方省份无可比拟的重要作用，政府支撑体系对高端装备制造业创新绩效的影响也较为重要，是辽宁高端装备制造业发展中不可忽视的重要组成部分。高校支撑体系对于辽宁创新绩效影响仅在 10%显著水平下通过检验，高校支撑体系对绩效提升的支撑效果有限，原因有：①辽宁高校的自身实力有待加强；②各产业对于高校投入较低，尚未达到高校支撑体系发挥显著作用的阈值，高校支撑体系还不能更好地支撑辽宁高端制造业的发展。鉴于此，辽宁省政府应通过各种政策措施加强高校支撑体系的建设，提升高校自身的研发能力，以及与产业技术创新的配套能力；同时，推动高校、产业、企业、政府之间的产学研合作，促进产业与高校的紧密交流，增进二者之间的相互了解，实现优势互补，共同促进辽宁高端装备制造业技术能力和研发能力的提升；另外，加强企业对技术创新的重视，着力发展具有核心技术和核心竞争力的龙头企业，带动中小企业的技术创

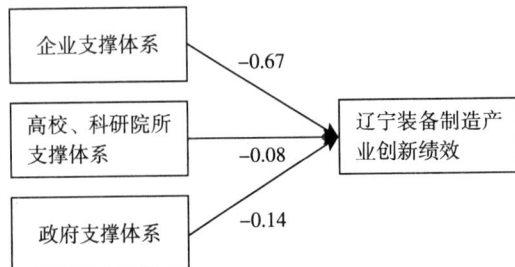

图 4−5　科技支撑体系对辽宁装备制造产业创新绩效影响的实证结果

新积极性，提高产业整体创新能力，也是提升辽宁高度装备制造业的整体创新绩效的有效路径之一。

四、主要结论

通过对辽宁装备制造产业科技支撑体系演化历程的梳理以及辽宁科技支撑体系绩效评价的实证分析，本书获得如下结论：

辽宁装备制造产业中，企业已经成为创新活动的主体，企业自身科技创新活动投入等已经成为辽宁装备制造产业创新绩效提升的首要动力。这表明，辽宁装备制造产业需在高新区、产业集群以及协同创新大方向下，继续鼓励和支持以企业为主体的科技创新活动，切实发挥企业在创新活动中的核心作用，实现辽宁装备制造产业的高端化发展。

政府对辽宁装备制造产业的发展和规划具有重要的支持作用。在企业、政府、高校和科研机构三项指标中，高校对辽宁装备制造产业创新绩效的促进作用仅次于企业，切实发挥着促进和规划辽宁装备制造产业发展的作用。2013 年 4 月，国家发改委、科技部、工业和信息化部、财政部联合编制的《全国老工业基地调整改造规划（2013~2022年)》获得国务院批复，辽宁迎来老工业基地调整改造的新契机，辽宁作为老工业基地，政府对工业的发展具有部分南方省份无可比拟的重要作用。辽宁省政府应继续通过各种政策措施积极鼓励和支持辽宁装备制造产业的长远发展。

高校和科研机构对辽宁装备制造产业创新绩效的支撑作用尚未凸显。

第五章 我国先进装备制造产业自主创新发展

第一节 产业自主创新测度的理论基础与评价指标

一、评价指标选取的研究综述

传统创新理论将创新过程视为"基础研究—应用研究—试验发展—生产—商业化"的线性过程，线性创新过程论认为创新绩效取决于创新投入，对创新绩效的测度也主要侧重于创新投入方面。在测度指标的选择上，以 R&D 所涉及的人力、物力、资本以及人才等指标从"投入"方面测度技术创新，创新产出方面则主要由专利产出来代表。从"投入"方面测度创新数据依赖于 R&D 调查数据，这种方法的好处在于 R&D 数据的可获取性以及国家或地区比较时的一致性，其局限在于暗含了 R&D 是生产率提高的主要来源，实际上还未逃脱新古典经济学中内生增长理论的范畴。以投入—产出方式测度创新的思想大都来源于 Romer（1990）[①] 提出的内生增长模型中的知识生产函数，Romer 提出的知识生产函数模型为：

$$\dot{A}_t = \delta H_{A,t}^{\lambda} A_t^{\varphi} \tag{5-1}$$

---

① Romer P.Endogenous Technological Change [J]. Journal of Political Economy，1990，98（4）：71-102.

知识生产函数模型基本思想：新知识的增长取决于一个国家或地区投入到新知识生产中的人力资本 H_A^λ 和被这些用于开发新知识的人力资本所拥有的知识存量 A_t。在该模型中，新知识的增长来源于两种途径：一种是经济中分配到新知识生产部门的份额，这个份额取决于 R&D 生产率和新知识在私人部门的收益率；另一种是知识存量。当 $\varphi > 0$ 时，说明既有知识存量对新知识生产产生正向促进作用；当 $\varphi < 0$ 时，说明既有知识存量会阻碍新知识的产生，起到抑制作用。在 Romer 内生增长知识模型的启发下，一些学者开始对技术创新能力进行实证研究，如 Yasser 和 Frederick（2004）[①] 运用 Romer 提出的知识生产函数，用专利存量和全要素生产率衡量知识存量，用专利申请衡量当年的创新产出、用投入研发的科学家和工程师数量衡量人力资本的投入，对美国 1948~1997 年的技术创新能力进行了实证研究。

学者们发现，企业、高校和科研院所以及政府之间的互动交流、高校和科研院所等公共研发条件、消化吸收技术引进以及政府对科技活动的支持等创新环境因素对创新过程产生重要影响，创新人力投入和历史积累的知识存量并非是新知识增长的唯一来源。一些学者开始将创新环境要素引入到技术创新能力的测度之中。典型的如 Furman 等（2002）在 Romer（1990）、Porter（1990）和 Nelson（1993）的研究的基础上，提出了知识生产函数扩展模型为：

$$\dot{A}_t = \delta(X_t^{INF}, \ Y_t^{CLUS}, \ Z_t^{LINK})H_{A,t}^\lambda A_t^\varphi \tag{5-2}$$

式中，X_t^{INF} 代表高校和科研院所等影响国家或地区技术创新能力的公共创新基础设施，Y_t^{CLUS} 代表产业集聚条件，Z_t^{LINK} 为产业集聚和公共基础设施之间的链接机制，如大学和科研院所的研发产出和风险资本对创新企业的支持等。周明等（2011）[②] 将 Romer（1990）提出的知识生产函数模型和 Jaffe（1986）[③] 提出的知识生产函数进行综合，将国家和地区创新政策等制度因素引入知识生产函数之中，提出改进的知

① Abdih Y, Joutz F. Relating the Knowledge Production Function to Total Factor Productivity: An Endogenous Growth Puzzle [J]. IMF Staff Papers, 2006 (4): 242-271.

② 周明, 李宗植. 基于产业集聚的高技术产业创新能力研究 [J]. 科研管理, 2011 (1).

③ Jaffe A B. Real Affects of Academic Research [J]. American Economics Review, 1986 (79): 957-970.

识生产函数，并从产业集聚视角对中国 31 个省、市、自治区的高技术产业技术创新能力进行实证分析。周明等提出的知识生产函数为：

$$Y_{it} = R_{it}^{\alpha} L_{it}^{\beta} P_{it}^{\gamma} e^{c + \lambda s_{it} + \mu} \tag{5-3}$$

式中，Y_{it} 代表第 i 个地区在 t 时期的创新产出，R_{it} 为第 i 个地区在 t 时期的研发资本投入，L_{it} 为第 i 个地区在 t 时期的研发人才投入，P_{it} 代表产业集聚导致的知识溢出，s_{it} 为政府支持力度。α、β、γ 为各创新要素对创新产出的贡献弹性，λ 为政府支持力度的系数。

上述学者关于区域创新能力或区域产业技术创新能力的测度都以内生增长模型中知识生产函数为基础，从早期的线性创新过程引导下的投入—产出分析测度，到考虑创新环境的扩展的知识生产函数模型，始终遵循着新古典经济学的分析范式。但是这些对区域技术创新能力测度的实证研究存在两个共同点：

（1）技术创新体系隐含在他们的模型之中，且假设不同国家或者地区内创新主体之间与知识和信息的发现及交流有关的一系列规则、习惯和制度是相同的，即各个国家和地区的技术创新体系存在着一致性。但区域创新系统和嵌入性理论向我们展示的思想却是地区之间有关知识与信息发现和交流的方式带有本地属性，不同地区技术创新体系之间可能存在着差异性，即产业技术创新体系带有本地化的特征。

（2）从功能角度对创新活动的界定。上述学者关于技术创新能力的决定因素对创新活动的类型进行划分，创新活动可界定为创新投入（创新基础和新增创新投入）、创新产出、知识学习活动、政府支持、创新连接活动（合作创新），可见技术创新体系可由创新活动的基本类型来大体反映。

OECD 对技术创新测度指标的研究起步较早，OECD 所出版的《弗拉斯卡蒂手册》，目前已经有 5 个版本。2000 年，该书被中国科学技术指标研究会译成中文并正式出版，中译本的名称分别为《研究与发展调查手册》、《科技人力资源手册》、《技术创新调查手册》、《技术国际收支手册》和《专利科技指标手册》。其中，《技术创新调查手册》又称《奥斯陆手册》，是专门研究技术创新活动测度的。《奥斯陆手册》对技术创新测度指标的研究主要包括 10 个方面，分别是：人力资源的流动、基于专利的指标、创新的经济价值、科技系统活动与网络、服务业的科技活动、企业的创新、公司的创新能力与吸收能力、产业 R&D 的国际化、政府对创新的支持等方面。[①] 欧盟委员会协同欧洲统计局和 DG 公司，沿着 OECD 在 1992~1993 年的创造性工作，实施了共同体创新调查，简称 CIS。CIS 对技术创新的测度包含 5 个方面：与新产品创新有关的费用支出、渐进性和根本性创新的产品成果、与创新相关的信息来源、技术协作以及阻碍创新的观念和促进创新的因素。CIS 已经出版 3 次，最近一次是在 2002 年，这次调查涵盖了 140000 家欧洲企业，其指标设计的优势在于可用于大规模国际比较的创新成果的直接数据，而且试图估计除了 R&D 之外的其他支持创新活动的费用支出。

　　除了 OECD、CIS 等权威机构公布的技术创新测度指标体系之外，一些技术创新领域的专业学者也致力于研究技术创新测度指标，如 Lundvall（1992）[②] 对创新活动的测度问题进行深入研究，他认为反映创新系统绩效的指标应该能够充分反映出生产、扩散和使用具有经济价值的知识的有效性和效率。Furman 等[③]（2002）对内生增长模型中的知识生产函数进行了扩展。他们认为创新投入和历史知识存量只是决定国家创新能力的一个方面，创新过程所处的经济、文化和制度等环境因素也是决定国家创新能力的重要因素。他们以 R&D 资金和人员投入代表创新投入，以专利产出代表创新产出，以产业集聚度、公共研发（高校和科研院所）以及企业、高校和科研院所之间创新合作几个方面代表创新环境，对 17 个 OECD 国家 1973~1996 年的国家创新能力以及决定因素进行了实证研究。结论印证了创新环境也是影响创新过程进而决定创新能力的重要因素。在 Furman 等构造的内生增长的扩

---

① 张力群.技术创新与区域经济增长［D］.吉林大学博士学位论文，2010.

② Lundvall B. National Systems of Innovation: Towards A Theorem of Innovation and Interactive Learning［M］. London: Pinter, 1992.

③ Jeffrey L.Furman, Michael E.Porter, Scott Stern. The Determinants of National Innovative Capacity［J］. Research Policy, 2002 (31): 899-933.

展模型的启发下，李习保（2007）[1] 使用 Furman 提出的扩展知识生产函数模型，从创新投入（资金、人才）、创新产出（发明专利数量）、地区产业结构和产业集聚（工业总产值中轻工业的比例、工业总产值中高技术行业比重）、政府支持（政府对科技活动的资金补助）以及创新合作（高校和科研机构筹集的科技活动经费中企业出资比例）五个方面量化区域创新系统，并对 1998~2005 年中国 31 个省、市、自治区的区域创新能力的动态变化进行了实证分析。陈凯华等（2010）[2] 基于 Furman 等提出的创新系统方法下的知识生产函数模型，从系统功能视角将创新系统换分为三个功能块，分别是创新产出功能模块、创新投入功能模块和创新环境功能模块。创新产出功能模块用国内外论文数量、专利和高技术产业附加值来测度；创新投入功能模块又细分为知识存量模块（人均 GDP、国际和国内论文存量、国内专利存量）、新增创新投入模块（基础研究经费、应用研究经费、国家重大科技计划数量）和外部知识获取模块（产学研合作、技术市场交易和外商直接投资）。创新环境模块用产业集聚环境、公共创新环境和创新合作来代表，对 2000~2005 年中国 30 个省份区域创新系统的创新产出及其动态变化、决定因素等进行了实证分析。Hekkert（2009）[3] 在总结创新系统文献基础上，应用历史事件分析法（Event History Analysis）将芬兰生物燃料产业发展中的重大历史事件与创新系统的功能之间建立映射关系，以检验重大历史事件的发生到底是由哪些功能活动引发以及哪些活动对其产生较大的影响，达到对芬兰生物燃料产业的创新系统的动态演变进行实证研究的目的。Edquist 和 Hommen[4] 等（2008）应用创新系统"活动论"对 10 个小型国家或地区的创新系统进行了对比研究，他们对创新系统功能的界定遵循 Edquist（1997）提出的创新系统

① 李习保. 中国区域创新能力变迁的实证分析：基于创新系统的观点 [J]. 管理世界，2007（12）.

② 陈凯华，官建成. 中国区域创新系统功能有效性的偏最小二乘诊断 [J]. 数量经济技术经济研究，2010（8）：18–32.

③ Hekkert M P, Negro S O. Functions of Innovation Systems as a Framework to Understand Sustainable Technological Change：Empirical Evidence for Earlier Claims [J]. Technological Forecasting & Social Change，2009（76）：584–594.

④ Edquist C, Hommen L. Small Country Innovation System：Globalisation, Change and Policy in Asia and Europe [M]. Edward Elgar, 2008.

"十活动"论。Chen 等[①]（2011）基于 Furman 等（2002）提出的创新系统方法下的知识生产函数模型，对 2000~2005 年中国的省份区域创新系统的创新产出及其动态变化、决定因素等进行了实证分析。

无论是 OECD 和欧盟委员会等官方权威组织公布的技术创新测度的指标，还是众多专家学者提出的技术创新的测度指标为测度技术创新体系打下良好基础，在这些方法中，有些指标既不容易获得，也难以进行定量分析。因此，在兼顾评价指标的系统性、科学性和数据可得性原则的基础上，本书将依托这些学者的研究构建中国高技术产业技术创新体系的评价指标。

综上所述，上述学者关于区域创新测度指标选取大都以内生增长模型中知识生产函数为基础，从早期的线性创新过程引导下的投入——产出分析测度，到考虑创新环境的扩展版知识生产函数，始终未逃脱新古典经济学的分析范式。为了能多维度、多角度来测度创新，一些学者开始尝试着从不同角度来测度创新能力，典型的如王伟光等[②]（2009）基于"产业技术轨道"的内涵，以市场容量、创新独占性、技术知识累积性和社会动力四个维度对东北地区生物医药产业的技术创新能力进行测度，开拓了测度技术创新能力的新视角，他们对产业创新能力测度的指标体系设计，如表 5-1 所示。

表 5-1　东北地区生物医药产业技术创新能力测度的指标体系

因素层	指标层
市场容量	固定资产原值
	行业投资额
	新产品产值
	出口交货值
创新独占性	R&D 人员全时当量
	R&D 经费支出
	专利申请数
	拥有发明专利数

① Kaihua CHEN, Jiancheng GUAN.Mapping the Functionality of China's Regional Innovation Systems: A Structural Approach [J]. China Economic Review, 2011 (22): 11-27.

② 李晓梅，王伟光，考燕鸣. 东北地区医药制造业技术创新能力实证研究 [J]. 中国科技论坛，2009 (11).

续表

因素层	指标层
技术知识累积性	工程技术人员总数
	技术改造支出
	技术引进支出
	消化吸收支出
社会动力	科技机构数
	科技活动人员
	金融贷款支持
	科技经费筹集额中政府资金

资料来源：王伟光等（2009）。

进一步地，王伟光等（2011）在继承和集成相关研究的基础上，从创新基础、创新投入、创新产出、知识学习、政府支持和创新连接六个方面构造大企业技术创新体系的评价指标体系，开始了对创新体系测度的研究。

二、自主创新测度指标选择的基本原则

Schneier 等（1989）指出，在指标体系的构建过程中，重要的是把握指标的本质。评价指标不是要加以全面量化，而是要避免评价时的主管臆断及其测量的偏差。[①] 同时，为了综合考虑指标体系构建后对科技创新测度的指导作用，应综合地考虑各原则之间的相互影响及制约作用，以实际有参考、操作价值的目的为基准，实现构建体系各原则的最优化。

（一）科学性与实用性相结合原则

科技创新评价指标体系的创建首先应满足科学性原则。这里的科学性具体包括两个层面的含义：一是指构建体系的指标必须能够科学客观地反映出科技创新的能力，要有理论的来源，并且能够系统地、全面地、完整地体现出创新特征；二是在设计指标概念、数据来源、具体内容、单位、计算方法、验证方法等方面都必须使用科学的语言来准确表达，尽可能地避免产生歧义，从而能够防止在各项指标数据

---

① Schneier. The Role of the Founder in Creating Organizational Cultual [J]. Organizational Dynamics, 1985, 12 (1): 13-28.

在设计、收集、整理以及统计的过程中产生误差。指标体系构建所遵循的实用性原则是指指标体系管理者能够便于将这些指标进行分析评价，真实地服务于企业管理活动。所以要求指标体系务须简明扼要，能够服务于不同行业、不同生产水平的企业，同时要通俗易懂，使其真正能够为企业管理者所用。

（二）导向性与可行性相结合原则

科技创新指标体系的构建要具有一定的导向性，能够真实、客观地反映当代经济条件下地区科技创新的创新方向，为政策制定者提供影响地区科技创新过程的新思路、新观点、新方法，能够使政策制定者在此原则的指引下推进地区生产进程中的改革与创新，为区域的快速健康发展做出贡献。

科技创新指标体系的获取以及构建也要充分考虑到可行性原则。可行性原则包括的含义：首先，要考虑体系内的指标是否可以真实获得，对于那些难以获取或可以获取缺欠真实的指标，原则上不予以考虑；其次，获取的指标应明确哪些可以量化，对于需要量化的指标，要保证其真实有效，而对于那些只能定性考虑的指标，要通过第三方专家和企业员工尽量为其间接赋值，尽量减小定性指标对整个指标体系的影响；最后，指标体系的构建方法要可行，为使其达到简单、易操作的效果，整个体系的层数不宜过多。

（三）定量与定性相结合原则

影响科技创新的指标很多，基本可将所有指标分为定量与定性两种。在各个指标对整体体系影响的评价时，要充分地考虑将定量指标与定性指标有机地结合起来并充分全面地使用。对于定量指标而言，应着重考虑数字后所隐藏的计量单位和计算方法，并保持对定量指标准确性的怀疑以及计算过程中产生的各种误差的处理方法。对于定性指标而言，由于评价地区科技创新的指标众多，很难完全量化，有的只能进行定性分析。这部分指标的使用要时刻考虑指标所代表的理论和实际意义。总体而言，指标的选取还应以定量为主，并在必要时将定性指标以量化形式具体展现。

三、自主创新测度指标选择

（一）创新基础

衡量创新基础的指标多采用人均 GDP 和专利积累数量（Furman et al.，2002），积聚的国际论文、国内论文（陈凯华和官建成，2010）。但这些指标有时难以充分体现出创新主体的创新属性。更为重要的是，作为创新基础的知识可能既蕴含于人力资本之中，也可能物化于生产设备等固定资本之中。所以，有必要选择一些替代性指标。例如，有研发机构企业数量比重、企业办研发机构数以及固定资产投资测度创新基础（知识存量）。

（二）创新投入

创新投入是产业创新活动的基本支持性资源。可以使用 R&D 费用支出总额、R&D 费用支出强度、研发人员投入强度作为衡量创新投入的指标（王伟光，2003）。以此类推，测度企业自主创新的指标选取企业 R&D 费用支出，企业 R&D 费用支出占销售收入比重，企业研发人员占就业人员比重、研发人员强度等指标测度。

（三）创新产出

创新产出主要选用专利申请、新产品销售收入和新产品产值等指标。虽然专利并不能完全衡量创新水平，但其优势在于进行比较时，专利具有较强的一致性和通用性（Pavitt，1992）。用发明专利申请占专利申请数的比重作为创新产出的衡量指标。另外，由于制造业工业企业的某些技术诀窍可能并不包括在公开申请专利内，为反映出这种创新产出水平，我们选择新产品产值占工业总产值的比重以及新产品销售收入占企业总销售收入的比重两项指标进行衡量。

（四）知识学习

知识学习反映着企业基于资源禀赋对外部知识的吸收、运用和再创新能力，是强化本地知识资源有效集聚的重要途径。我们选用国内外技术引进经费支出衡量企业对外部知识的依存程度，并用消化吸收费用支出、技术改造费用支出衡量企业对外部知识消化吸收以及再创造、再创新的程度。

（五）政府支持

政府各种形式的资助、支持，对技术创新具有积极的影响。我们选用企业研发经费中政府出资的比重、政府对企业研发费用的扣除、政府对高新技术企业的税收减免等指标来衡量政府对企业创新活动的支持力度。

（六）创新链接

企业与知识生产部门之间的互动学习对创新过程和绩效有明显的影响。我们选用对高校研发支出占企业研发经费比重、对科研机构研发支出占企业研发经费比重、对外转让和许可发明专利数三项指标来体现企业与高校、科研院所和技术中介之间的互动交流。

第二节 我国先进装备制造业自主创新发展现状

一、创新基础条件

（一）企业办研发机构数

我国先进装备制造业研发机构数量从 1995 年的 2138 家增加到 2011 年的 5941 家，企业办研发机构数量增长了 2.779 倍。其中，在 1995~2000 年，即"九五"时期，我国先进装备制造业研发机构数呈逐年下降的趋势，从 1995 年的 2138 家下降到 1999 年的 1809 家；在 2000~2005 年，即"十五"时期，装备制造业研发机构数较"九五"时期进一步地减少，但在 2006~2011 年，我国先进装备制造业研发机构数开始逐步上升，从 2005 年的 1619 家上升到 2011 年的 5941 家。总体来说，我国先进装备制造业研发机构数大体呈现一种先减少后增加的 U 型趋势，在 1995~2005 年，研发机构数逐步减少，2005 年以后开始逐步增加，如图 5-1 所示。

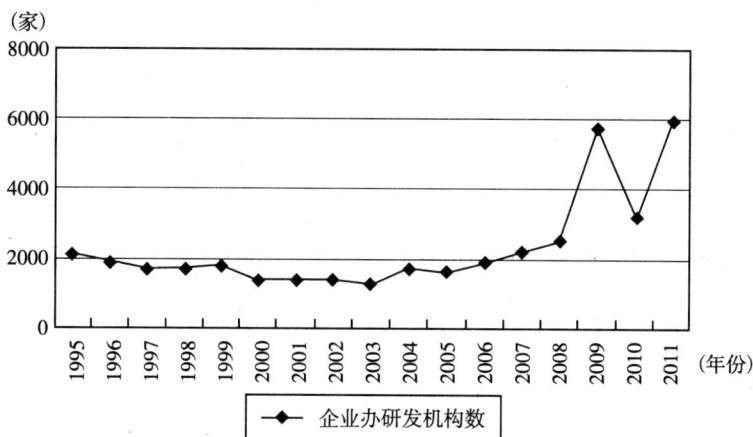

图 5-1　1995~2011 年我国先进装备制造业研发机构基本情况

资料来源：中国高技术产业统计年鉴（1995~2012）。

　　从我国装备制造业研发机构数分行业情况来看，电子计算机及通信设备制造业研发机构数所占比重最高，在 1995~2011 年，电子计算机及通信设备制造业研发机构数占全部先进装备制造业研发机构数的比重维持在 35% 以上，而且呈逐年上升的趋势；医药制造业研发机构数也维持较高的比重，在 1995~2011 年，医药制造业研发机构数比重始终维持在 25% 以上，但是医药制造业研发机构数比重却呈现一种倒 U 型趋势。在 1995~2003 年，医药制造业研发机构数比重呈逐渐上升的趋势，但从 2003 年以后，其研发机构数比重却逐年下降，医疗设备制造业研发机构数比重维持在 10% 以上，但呈现一种先下降后上升的趋势，从 1995 年的 16% 下降到 2003 年的 12%，但到 2011 年其研发机构数占整个先进装备制造业的比重上升到 19%；航空航天制造业研发机构数比重呈逐年下降的趋势，从 1995 年的 13% 下降到 2011 年的 2%；电子计算机及办公设备制造业研发机构数比重维持在 5%，且趋势较为稳定，如图 5-2 所示。

（二）创新人才情况

　　1995 年，中国先进装备制造业从事科技活动人员 24.6 万人，其中科学家和工程师 9.1 万人，占 37%（见图 5-3、图 5-4）。截至 2008 年，中国先进装备制造业从事科技活动人员 56.5 万人，比 1995 年增加了 2.3 倍，科学家和工程师数量 40.4 万人，比 1995 年增加了 4.5

(%)

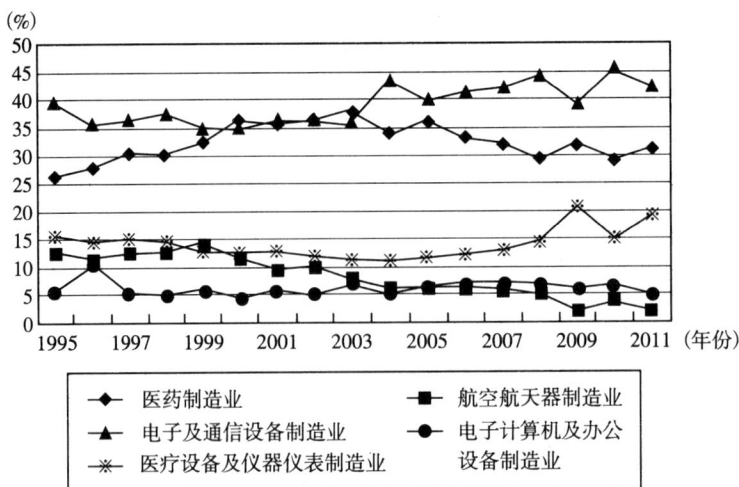

图5-2 中国先进装备制造业分行业研发机构数情况

资料来源：中国高技术产业统计年鉴（1995~2012）。

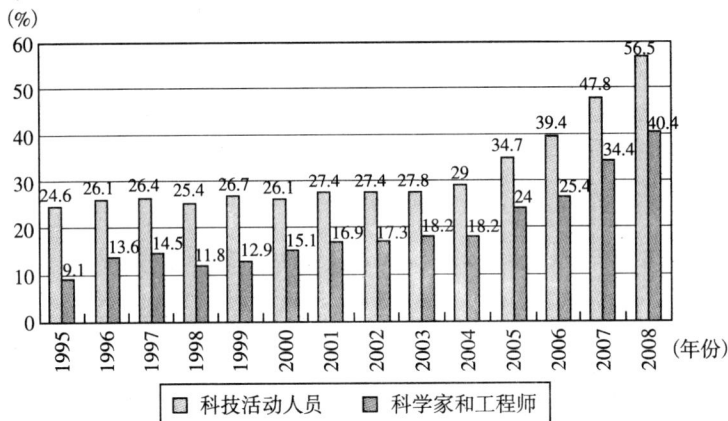

图5-3 中国先进装备制造业从事科技活动人员数量情况

资料来源：中国高技术产业统计年鉴（1995~2012）。

倍；科学家和工程师占科技活动人员比重从 1995 年的 37% 上升到
2008 年的 72%。

（三）固定资产投资比重

1996 年，中国先进装备制造业固定资产投资 306.60 亿元，当年新
增固定资产投资 238.89 亿元，截至 2011 年，中国先进装备制造业固
定资产投资 9468.46 亿元，较 1996 年增加了 30.88 倍，新增固定资产
投资额 8358.15 亿元，较 1996 年增加了 34.99 倍（见图 5-5）；辽宁承

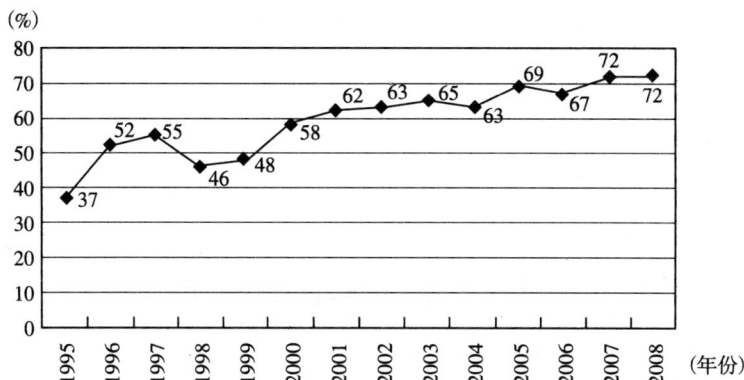

图5-4 中国先进装备制造业从事科技活动人员中科学家和工程师的比重情况

资料来源：中国高技术产业统计年鉴（1995~2012）；中国科技统计年鉴（1995~2009）。

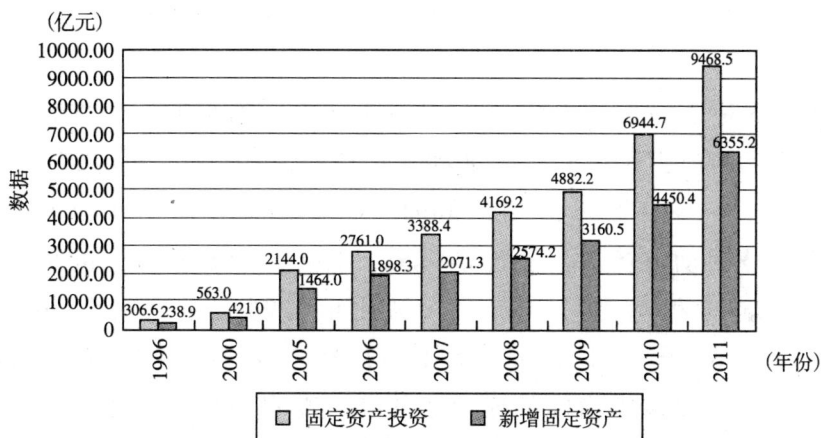

图5-5 1996~2011年中国先进装备制造业固定资产投资情况

资料来源：中国高技术产业统计年鉴（1995~2012）。

担"973"计划项目从2004年的47项增长到2009年的84项，增长了0.56倍，承担"863"项目从2004年的142项增加到2009年的220项，增加了0.65倍。

（四）与制造业平均水平比较

从我国先进装备制造业研发机构数占制造业研发机构数比重情况来看，1995~2011年这一指标始终维持在15%以上，在1995~2001年期间，该指标从16.3%上升到21.8%，但在2001~2008年，该指标呈逐渐下降的趋势，2009年该指标达到37.8%，但2010年和2011年两年又下降，分别为20.4%和19.0%，如图5-6所示。

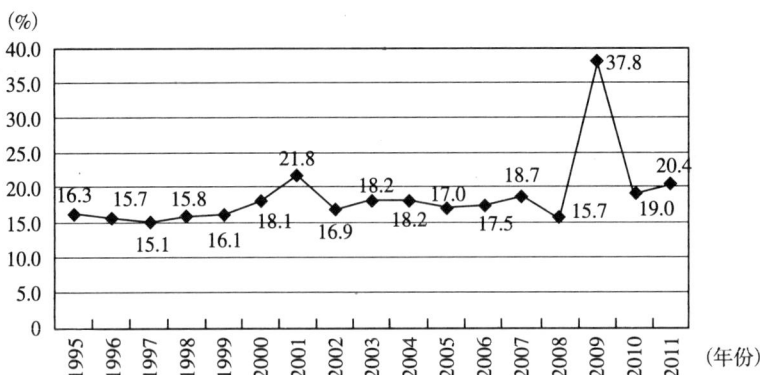

图5-6 1995~2011年中国先进装备制造业研发机构数占制造业研发机构数比重情况
资料来源：中国高技术产业统计年鉴（1995~2012）；中国科技统计年鉴（1995~2009）。

我国先进装备制造业创新人才集聚性也逐渐增加。先进装备制造业科技活动人员占制造业科技活动人员比重从1995年的19.9%上升到2008年的25.1%（见图5-7）。同时，与制造业相比，我国先进装备制造业科技活动人员质量也逐渐提升。1995~2008年，先进装备制造业科学家与工程师占科技活动人员比重与制造业该比重的比值从1995年的0.65上升到2008年的1.11，在1997年之前，先进装备制造业与制造业在该项指标的比值小于1，说明与制造业相比，我国先

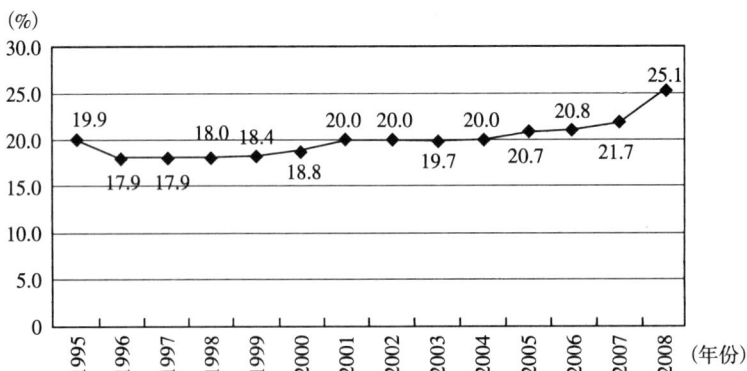

图5-7 1995~2008年先进装备科技活动人员占制造业科技活动人员比重情况
资料来源：中国高技术产业统计年鉴（1995~2012）；中国科技统计年鉴（1995~2009）。

进装备制造业高端创新人才还不足，但在 1997 之后，先进装备制造业高端创新人才比重已经超过了制造业的平均水平，而且逐步增大，如图 5-8 所示。

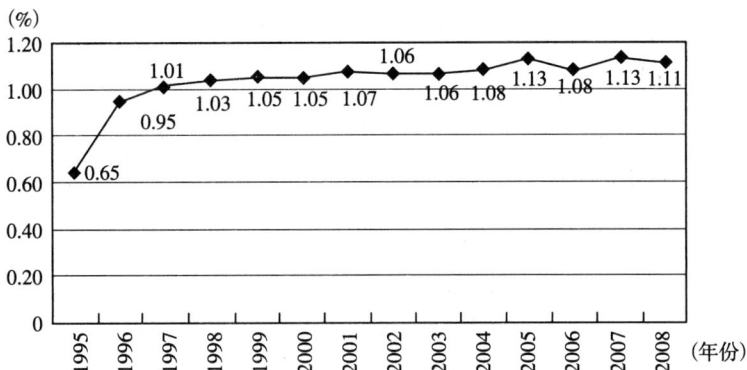

图 5-8　1995~2008 年先进装备科学家与工程师占科技活动人员比重与制造业科学家与工程师占科技活动人员的比值情况

资料来源：中国高技术产业统计年鉴（1995~2012）；中国科技统计年鉴（1995~2009）。

从先进装备制造业固定资产投资占制造业比重来看，1996~2000 年，先进装备制造业占制造业固定资产投资比重逐年上升，从 1996 年的 8.70%上升到 2000 年的 17.20%，但是 2000~2011 年，我国先进装备制造业固定资产投资占制造业比重却呈逐步下降趋势，仅 2009 年以后才有所增长，如图 5-9 所示。

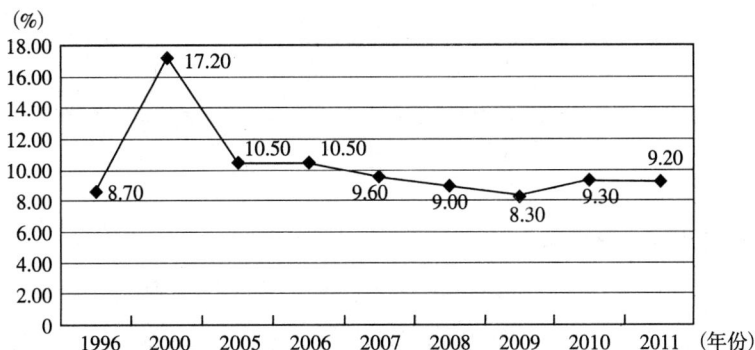

图 5-9　1996~2011 年中国先进装备制造业固定资产投资占制造业固定资产投资比重情况

资料来源：中国高技术产业统计年鉴（1995~2012）；中国科技统计年鉴（1995~2009）。

二、自主创新投入

(一) 创新人员投入

R&D 人员全时当量是国际上通用的、用于比较科技人力投入的指标。指 R&D 全时人员 (全年从事 R&D 活动累积工作时间占全部工作时间的 90% 及以上人员) 工作量与非全时人员按实际工作时间折算的工作量之和。该指标能较为准确地衡量一个国家或地区当年用于科技创新的实际工作投入情况。

1995~2011 年, 我国先进装备制造业自主创新人员投入逐渐增加。1995 年我国先进装备制造业 R&D 人员全时当量为 5.784 万人年, 2011 年增长到 42.672 万人年, 增长了 6.378 倍 (见图 5-10)。从 R&D 人员全时当量占就业人口的比重来看, 我国先进装备制造业自主创新人员投入强度也逐年提高, 从 1995 年的 1.29% 上升到 2010 年的 3.72%。说明我国先进装备制造业自主创新人员投入强度也在逐步提高 (见图 5-11)。

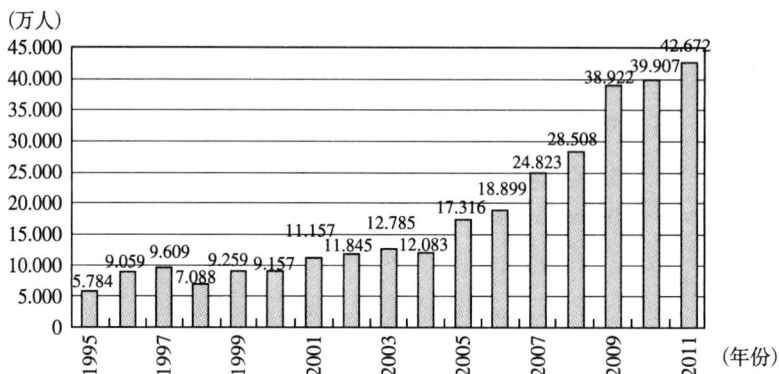

图 5-10　1995~2011 年中国先进装备制造业 R&D 人员全时当量情况

资料来源: 中国高技术产业统计年鉴 (1995~2012)。

(二) 研发经费投入

R&D 经费内部支出是指国家或地区在特定年度用于内部开展 R&D 活动的实际支出。包括用于 R&D 项目 (课题) 活动的直接支出以及间接用于 R&D 活动的管理费、服务费、与 R&D 有关的基本建设支出以及外协加工费等。

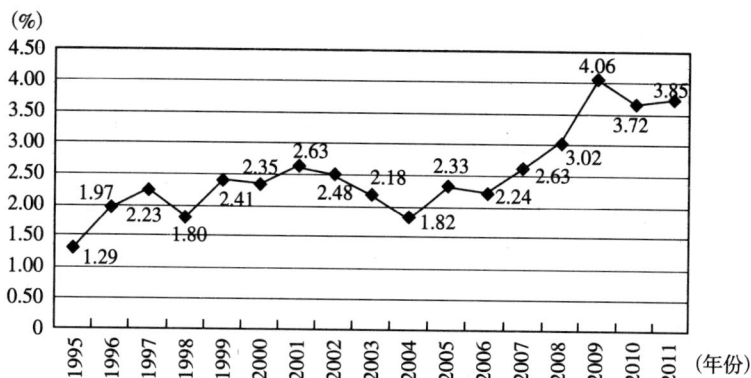

图 5-11　1995~2011 年中国先进装备制造业 R&D 人员全时当量占就业人员比重情况

资料来源：中国高技术产业统计年鉴（1995~2012）。

2011 年，中国先进装备制造业 R&D 经费内部支出 1237.807 亿元，较 1995 年增长了 68.355 倍（见图 5-12）。R&D 经费内部支出占工业总产值的比重也呈逐年上升趋势，从 1995 年的 0.46% 上升到 2010 年的 1.40%，如图 5-13 所示。

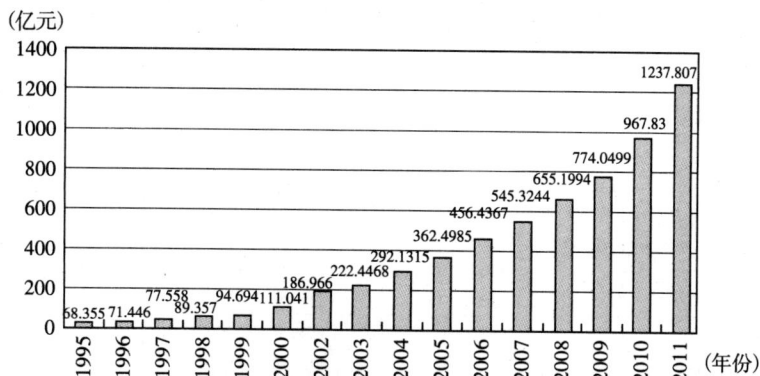

图 5-12　1995~2011 年中国先进装备制造业 R&D 经费支出情况

注：2001 年数据暂缺。

资料来源：中国高技术产业统计年鉴（1995~2012）。

尽管我国先进装备制造业 R&D 经费支出总额和 R&D 经费支出强度逐渐增加，但是与发达国家相比还存在较大的差距。2007 年，我国先进装备制造业 R&D 经费支出强度为 1.29%，而美国、日本、法国、芬兰和瑞典的 R&D 经费支出强度都超过 10%，德国和英国超过 8%，韩国、挪威、西班牙、加拿大等国家先进装备制造业 R&D 经费支出强

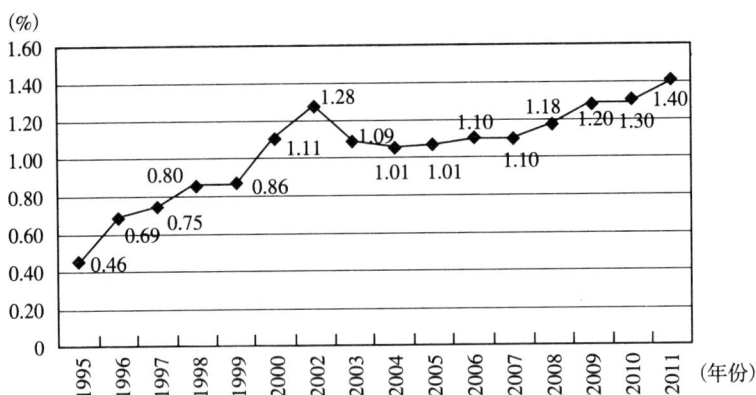

图 5-13　1995~2011 年中国先进装备制造业 R&D 经费支出占工业总产值比重情况

注：2001 年数据暂缺。

资料来源：中国高技术产业统计年鉴（1995~2012）。

度也都超过 3%，远超过中国；而到了 2011 年，我国先进装备制造业 R&D 经费支出强度达到 1.63%，与上述国家相比差距则继续拉大，如表 5-2 所示。

表 5-2　部分国家先进装备制造业 R&D 经费支出占工业总产值比重

国家	研发经费投入强度（%）	国家	研发经费投入强度（%）
美　国（2007）	16.89	美　国（2006）	16.41
瑞　典（2007）	13.18	瑞　典（2005）	12.23
加拿大（2006）	11.5	芬　兰（2007）	11.48
芬　兰（2007）	11.5	法　国（2006）	11.04
英　国（2006）	11.1	日　本（2006）	10.64
日　本（2008）	10.5	英　国（2006）	8.34
法　国（2006）	7.74	德　国（2006）	8.11
德　国（2007）	6.87	意大利（2006）	7.78
韩　国（2006）	5.86	韩　国（2006）	5.98
挪　威（2007）	5.67	挪　威（2006）	5.67
西班牙（2007）	5.22	西班牙（2005）	4.87
意大利（2007）	3.82	加拿大（2004）	3.72
中　国（2011）	1.63	中　国（2007）	1.29

资料来源：中国高技术产业统计年鉴（2008，2012）。

从先进装备制造业 R&D 人员全时当量占制造业 R&D 人员全时当量的比重来看，1995~2000 年，该项指标持续上升，从 1995 年的 20.5% 上升到 2000 年的 27.8%；而在 2001~2005 年，该项指标有所下降，从 2001 年的 29.4% 下降到 2005 年的 28.6%；2006~2009 年，我国先进装备制造业研发人员投入强度上升幅度较快，从 2006 年的 27.2% 上升到 2009 年的 33.6%，但从 2009 年起，我国先进装备制造业研发人员全时当量占制造业的比重开始下降，说明相比制造业的研发人员投入来说，先进装备制造业的研发人员投入增长速度开始降低，如图 5-14 所示。

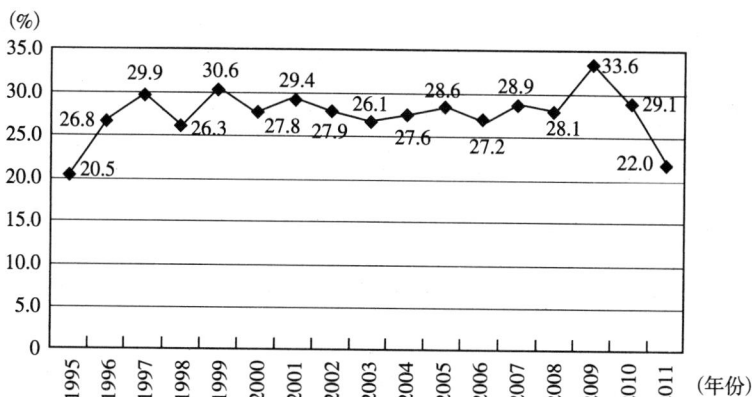

图 5-14　1995~2011 年中国先进装备制造业 R&D 全时当量占制造业 R&D 全时当量的比重情况

资料来源：中国高技术产业统计年鉴（1995~2012）；中国科技统计年鉴（1995~2009）。

（三）与制造业平均水平比较

从先进装备制造业 R&D 经费占制造业 R&D 经费比重来看（见图 5-15），在 1995~2002 年，该项指标逐渐上升，从 1995 年的 12.6% 上升到 2003 年的 42.3%，反映了先进装备制造业 R&D 经费支出在整个制造业中的比重的上升，但是在 2003~2010 年，我国先进装备制造业 R&D 经费支出占制造业总 R&D 经费的比重却逐年下降，说明相比制造业来说，先进装备制造业研发资金投入增长的速度下降。

三、自主创新产出

科技产出反映创新投入所带来的效果，表现为地区科技创新的成果，对于地区科技创新能力的评价至关重要。具体而言，科技产出包括专利、论文、国家级科技成果奖项、新产品、高新技术产业及相关高技术产品、技术交易等诸多方面，必须综合起来加以分析。

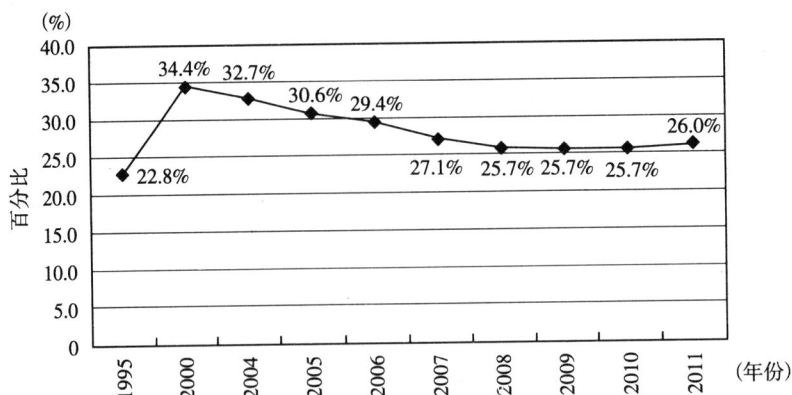

图 5-15 1995~2010 年中国先进装备制造业 R&D 经费支出占制造业 R&D 经费比重

注：2001 年数据暂缺。

资料来源：中国高技术产业统计年鉴（1995~2012）；中国科技统计年鉴（2001~2011）。

（一）专利产出情况

1995~2011 年，我国先进装备制造业专利申请数从 612 件增加到 77725 件，增长了 125.98 倍。"九五"期间年均增长 24.8%，"十五"期间，年均增长 129.9%，增速开始大幅增加，"十一五"期间，年均增长 29.1%，增长速度较"十五"时期有所下降，如图 5-16 所示。

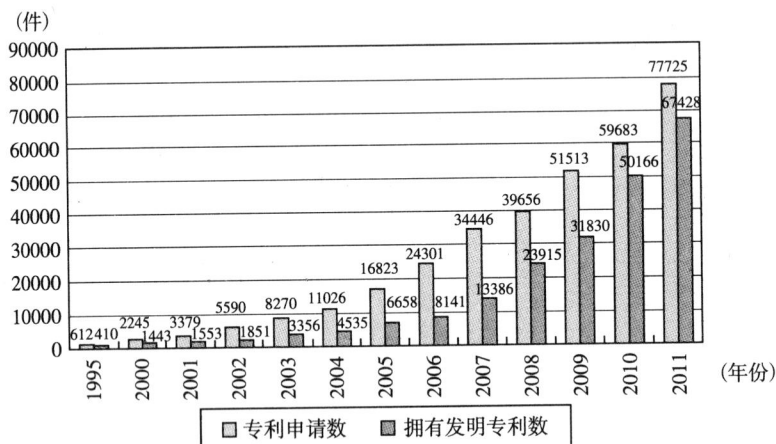

图 5-16 1995~2011 年中国先进装备制造业专利申请量与专利授权量比较

资料来源：中国高技术产业统计年鉴（1995~2012）；中国科技统计年鉴（2001~2011）。

其中，在拥有发明专利数方面，2011 年我国先进装备制造业拥有发明专利数 67428 件，比 1995 年增长了 163.45 倍，年均增长 32.69 倍。"九五"期间拥有发明专利授权数年均增长 50.4%，"十五"期间年均增长 65.7%，"十一五" 期间，年均增长 1.45 倍，拥有发明专利授权数较"十五"期间有较快的增长，但低于"九五"时期拥有发明专利数的增长速度。

（二）新产品销售收入

1995~2011 年，我国先进装备制造业新产品销售收入从 538.698 亿元增加到 20384.52 亿元，增长了 36.86 倍，年均增长 7.37 倍。"九五"期间，年均增长 72.3%，"十五"期间，年均增长 35.7%，增速开始降低，"十一五" 期间，年均增长 29.4%，增长速度进一步下降，如图 5-17 所示。

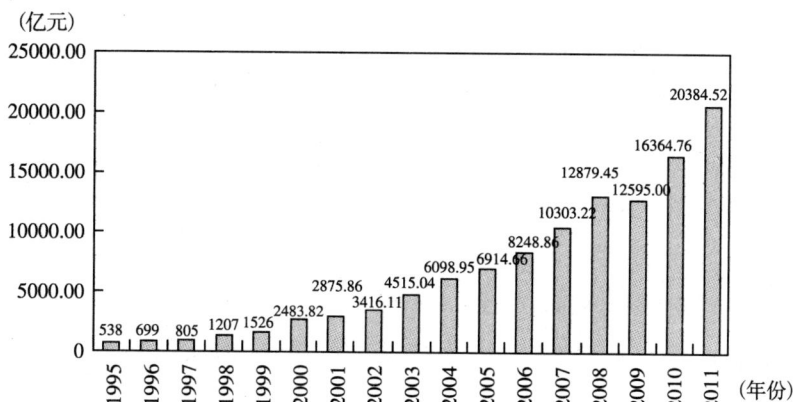

图 5-17　1995~2011 年中国先进装备制造业新产品销售收入情况

资料来源：中国高技术产业统计年鉴（1995~2012）。

从新产品销售收入占主营业务收入比重来看，1995~2000 年，中国先进装备制造业新产品销售收入占主营业务收入比重从 13.7%上升到 24.8%，但是在 2000~2005 年，新产品销售收入比重开始下降，从 2000 年的 24.8%下降到 2005 年的 16.6%；而在 2006~2011 年，我国先进装备制造业新产品销售收入比重开始逐步增加，从 2006 年的 16.6%上升到 2011 年的 23.3%，说明该段时间先进装备制造业创新产出逐渐增加，如图 5-18 所示。

（三）与制造业平均水平的比较

从先进装备制造业专利申请数占制造业专利申请数比重来看，在 2000~2007 年，该项指标逐渐上升，从 2000 年的 19.0%上升到 2007 年

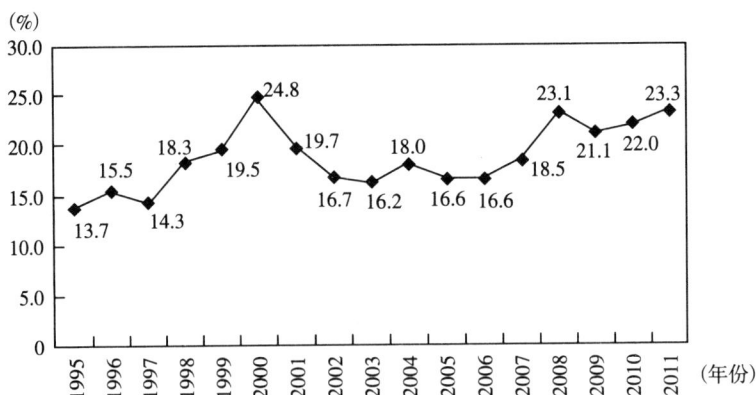

图 5-18　1995~2011 年中国先进装备制造业新产品销售收入占主营业务收入情况

资料来源：中国高技术产业统计年鉴（1995~2012）。

的 35.9％，该段时间先进装备制造业专利申请数的增长速度快于整个制造业专利申请数的增速，而 2007 年以后，该项指标开始降低，从 2007 年的 35.9％下降到 2010 年的 30.0％；"十五"时期先进装备制造业专利申请数的比重始终维持在 30％；从先进装备制造业拥有发明专利数占制造业拥有发明专利数比重来看，2000~2010 年，我国先进装备制造业拥有发明专利数的比重逐渐上升，从 2000 年的 22.6％上升到 2010 年的 44.4％，先进装备制造业拥有发明专利数的增长速度快于整个制造业的增长速度，如图 5-19 所示。

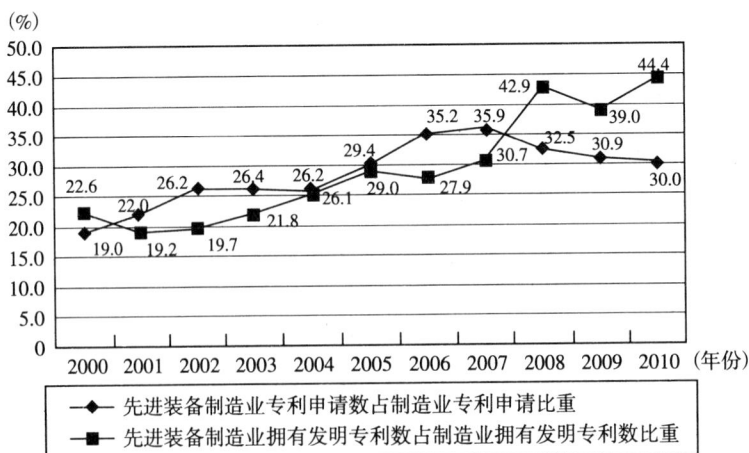

**图 5-19　2000~2010 年中国先进装备制造业专利申请与拥有发明专利数
与制造业的比较情况**

资料来源：中国高技术产业统计年鉴（1995~2011）；中国科技统计年鉴（2001~2011）。

从先进装备制造业新产品销售收入占制造业新产品销售收入比重来看，在 1995~2000 年，该项指标逐渐上升，从 1995 年的 20.5%上升到 2000 年的 32.6%，该段时间先进装备制造业新产品销售收入的增长速度快于整个制造业新产品销售收入的增速，而 2000~2003 年，该项指标维持在 30%的水平；2003~2010 年，我国先进装备制造业新产品销售收入占制造业新产品销售收入比重逐渐下降，从 2004 年的 29.9%下降到 2010 年的 22.5%，先进装备制造业新产品销售收入的增长速度低于整个制造业的增长速度，如图 5-20 所示。

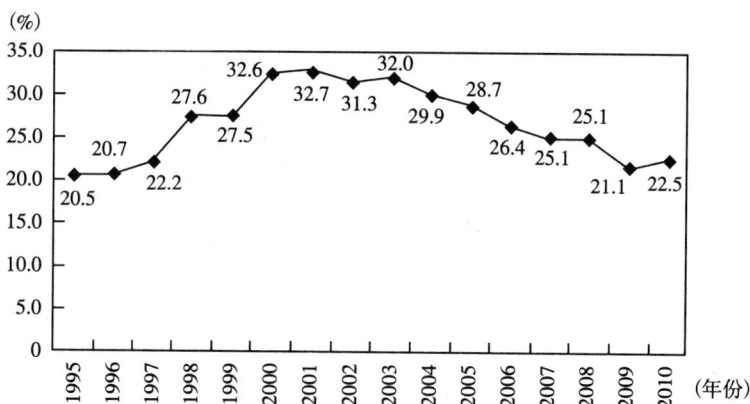

图 5-20　1995~2010 年中国先进装备制造业新产品销售收入占制造业新产品销售收入比重
资料来源：中国高技术产业统计年鉴（1995~2012）；中国科技统计年鉴（1995~2011）。

四、合作创新

（一）R&D 经费外部支出

R&D 经费外部支出是指报告年度被调查单位委托外单位或与外单位合作进行 R&D 活动而拨给对方的经费情况，用 R&D 经费外部支出来衡量企业与高校、科研院所以及其他企业合作创新的总体情况。2009 年，先进装备制造业 R&D 经费外部支出总额 762720 万元；2010 年，先进装备制造业 R&D 经费外部支出总额 697070 万元，较 2009 年下降了 65649.5 万元，下降幅度为-8.6%；2011 年，先进装备制造业 R&D 经费外部支出总额为 1070070 万元，较 2010 年增加 372999.7 万元，增长幅度为53.5%，如表5–3所示。

表5–3　2008~2010年中国先进装备制造业研发经费外部支出情况

	2009 年	2010 年	2011 年
研发经费外部支出（万元）	762720	697070	1070070
增加额（万元）	—	–65649.5	372999.7
增速（%）	—	–8.6	53.5

资料来源：中国高技术产业统计年鉴（1995~2012）。

从 R&D 经费外部支出占主营业务收入比重来看，2009 年先进装备制造业 R&D 经费外部支出强度为 0.13%，2010 年 R&D 经费外部支出强度降低为 0.09%，2010 年为 0.12%，如表5–4所示。

表5–4　2008~2010年中国先进装备制造业研发经费外部支出强度情况

指标 \ 年份	2009	2010	2011
先进装备制造业 R&D 经费外部支出占主营业务收入比重（%）	0.13	0.09	0.12
制造业 R&D 经费外部支出占主营业务收入比重（%）	0.46	0.06	0.56

资料来源：中国高技术产业统计年鉴（1995~2012）；中国科技统计年鉴（1995~2011）。

（二）与制造业平均水平比较

但是，我国先进装备制造业 R&D 经费外部支出强度却低于制造业的平均水平。2009 年，我国先进装备制造业 R&D 经费外部支出强度为 0.13%，低于制造业的平均水平（0.46%），仅 2010 年高于制造业的平均水平，在 2011 年同样也低于制造业的平均水平，这说明我国先进装备制造业合作创新力度的不足，甚至低于制造业合作创新的力度，如表5–4所示。

五、政府支持与金融机构贷款情况

（一）政府支持与金融支持力度

1995 年，我国先进装备制造业科技活动经费筹集额中政府资金的比重达到 18.0%，然而在 2001 年时，政府资金的比重下降到 6%，可见政府对先进装备制造业自主创新的支持力度不断地下降。从 2001 年起，政府对先进装备制造业自主创新的支持力度开始增加，从 2001年的 6%增加到 2008 年的 8.4%，但仍无法与 1995~2000 年的支持力度相比。而金融机构对装备制造业自主创新的支持力度也逐渐减弱。从 1995 年开始，先进装备制造业科技活动经费筹集中金融机构贷款的比重一路下滑，从 1995 年的 14.3%下降到 2008 年的 3.2%，反映了金融机构对先进装备制造业自主创新支持力度的不足，如图 5-21所示。

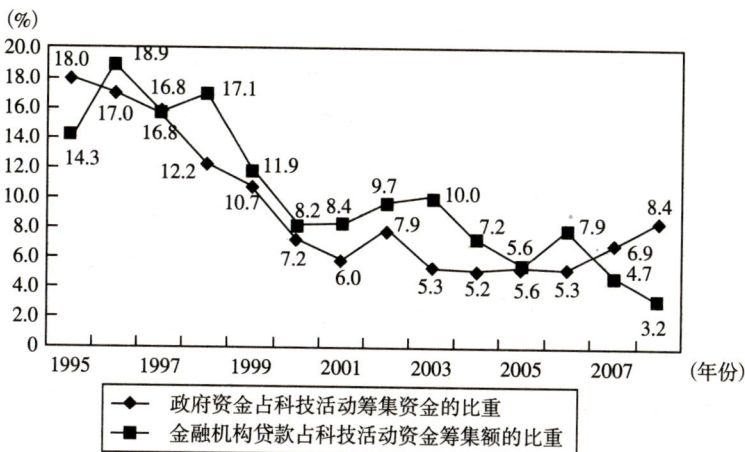

图 5-21　1995~2010 年中国先进装备制造业科技活动经费中政府资金和金融机构贷款比重情况

资料来源：中国高技术产业统计年鉴（1995~2012）。

（二）与制造业平均水平比较

虽然政府对先进装备制造业自主创新的支持力度逐渐减弱，但是与整个制造业自主创新获得政府支持相比，我国先进装备制造业获得的政府支持还是较高的。在 2003 年以前，先进装备制造业获得的政府支持力度低于制造业的平均水平，但是在 2003 年以后，先进装备制造业自主创新获得的政府支持力度高于制造业的平均水平，而且还有不断扩大的趋势，如图 5-22 所示。

与政府支持相反，我国先进装备制造业自主创新获得金融机构支持的力度却低于制造业的平均水平。在 1995~2008 年，先进装备制造业科技活动经费筹集额中金融机构贷款的比重不仅逐渐下降，而且低

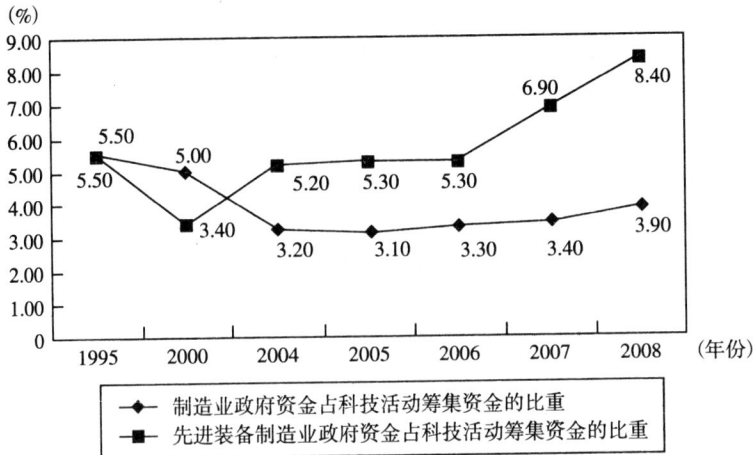

图 5-22   1995~2008 年中国先进装备制造业与制造业科技活动经费筹集中政府资金比重

资料来源：中国高技术产业统计年鉴（1995~2012）；中国科技统计年鉴（1995~2009）。

于制造业的平均水平。这说明，我国先进装备制造业自主创新活动在金融融资方面的不足，这可能与先进装备制造业自主创新的不确定性强、高风险的特征有关，如图 5-23 所示。

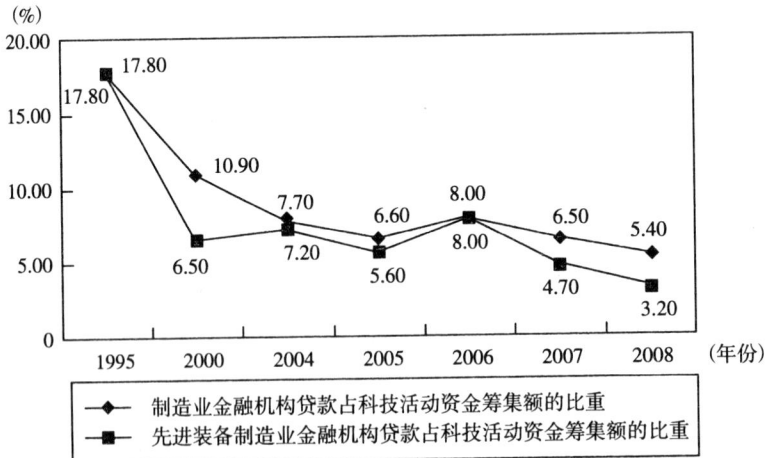

图 5-23   1995~2008 年中国先进装备制造业与制造业科技活动经费筹集中金融机构贷款比重对比

资料来源：中国高技术产业统计年鉴（1995~2012）；中国科技统计年鉴（1995~2009）。

六、知识学习

（一）技术获取

1995~2004 年，我国先进装备制造业国外技术引进经费从 29.2 亿元增加到 111.9 亿元，增长了 2.83 倍，年均增长 56.6%，2004~2006年，国外技术引进经费有所下降，从 111.9 亿元下降到 78.6 亿元。不过在 2007 年以后，国外技术引进经费支持开始下降，截至 2011 年，我国先进装备制造业国外技术引进经费支出下降为 62.2 亿元。

从购买国内技术经费支出来看，1995~2011 年，国内技术引进经费支持持续增长，从 1995 年的 4.3 亿元增加到 2011 年的 16.2 亿元，增加了 3.77 倍，年均增长 22.2%，如图 5-24 所示。

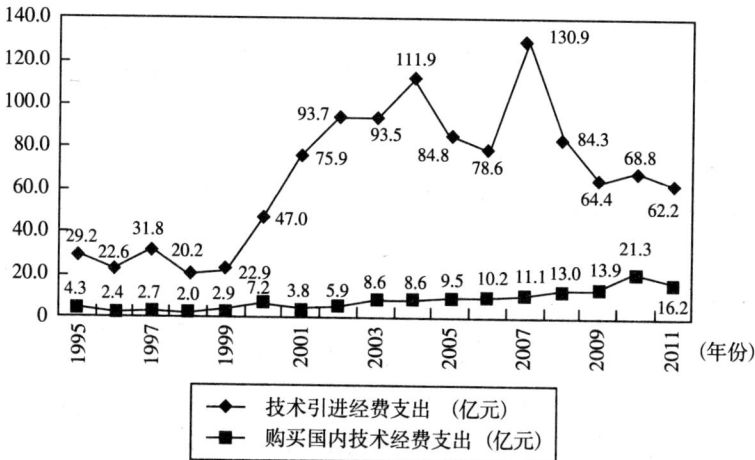

图 5-24　1995~2011 年中国先进装备制造业技术获取情况
资料来源：中国高技术产业统计年鉴（1995~2012）。

（二）消化吸收与技术改造

技术引进经费支出与购买国内技术经费支持反映了先进装备制造业技术获取的情况以及难易程度。而消化吸收经费支出与技术改造经费支出则反映了先进装备制造业获得国内外先进技术后对所引进技术的学习情况。1995 年，我国先进装备制造业消化吸收经费支出为 2.32 亿元，截至 2011 年，消化吸收经费达到 15.2 亿元，增加了 5.55 倍，年均增长 111.0%，反映了我国装备制造业对引进技术的消化吸收不断增强。从对引进技术的技术再创新来看，1995~2011 年，我国先进装备制造业技术改造支出不断增长，从 1995 年的 82.3 亿元增加到 2011 年的 239.6 亿元，增加了 1.89 倍，年均增长 37.9%，如图 5-25 所示。

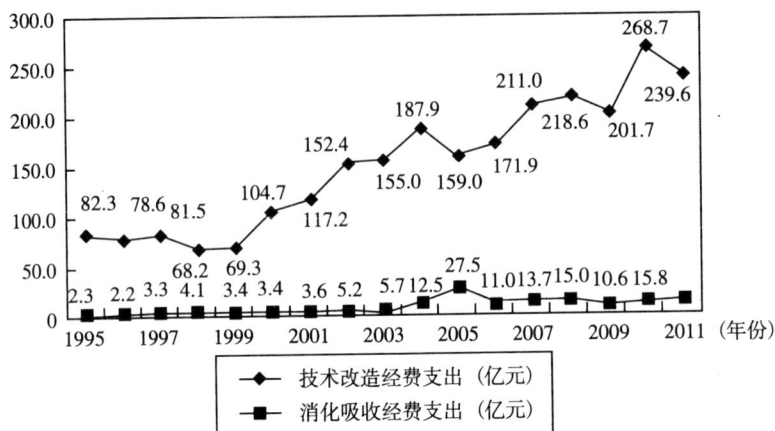

图 5-25　1995~2011 年中国先进装备制造业对所获取技术的消化吸收以及再创新情况
资料来源：中国高技术产业统计年鉴（1995~2012）。

（三）　与制造业平均水平比较

从先进装备制造业购买国内技术经费支出与购买国外技术经费支出的比例来看，我国先进装备制造业购买国内技术经费支出的比重逐渐增加，从 1995 年的 0.069 上升到 2011 年的 0.261，尤其是在 2007 年以后，我国先进装备制造业购买国内技术的比重开始大幅增加，从 2007 年的 0.085 上升到 2011 年的 0.261，增加了 2.07 倍（见图 5-26）。虽然先进装备制造业对国内技术的需求逐渐增加，但是其购买国内技术的比重还是低于制造业的平均水平。在 2000 年以前，先进装备制造业购买国内技术的比重还高于制造业的平均水平，但在 2000 年以后，先进装备制造业购买国内技术的比例低于制造业的平均水平，而且还有不断扩大的趋势。这反映了国内高校和科研院所开发的技术以及技术市场的发育程度等无法满足先进装备制造业的技术需求现状。

从消化吸收经费与技术引进经费支出的之比来看，先进装备制造业消化吸收经费与技术引进之比经历了先增加后减少再增加的过程。在 1995~2005 年，我国先进装备制造业消化吸收与技术引进之比持续

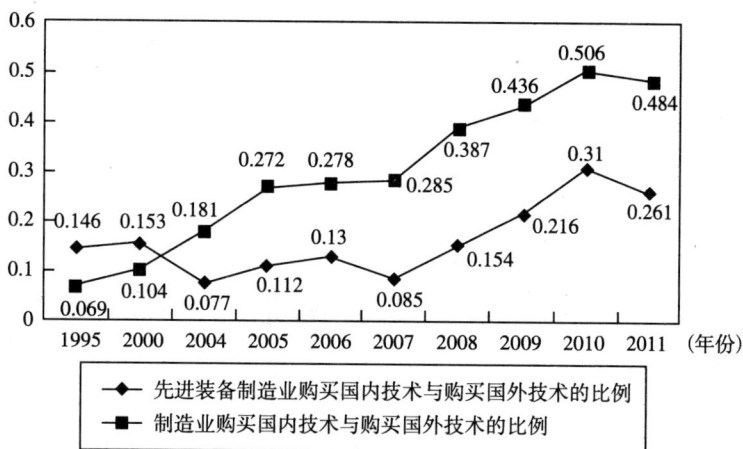

图 5-26　1995~2011 年中国先进装备制造业与制造业购买国内技术与购买国外技术比例的对比

资料来源：中国高技术产业统计年鉴（1995~2012）；中国科技统计年鉴（1995~2009）。

增加，说明该段时间我国先进装备制造业对引进技术的消化吸收程度逐渐增加，十分重视对引进技术的消化吸收；而在 2005~2007 年，该项指标开始减少，从 2007 年后，先进装备制造业消化吸收与技术引进之比又开始增加，如图 5-27 所示。

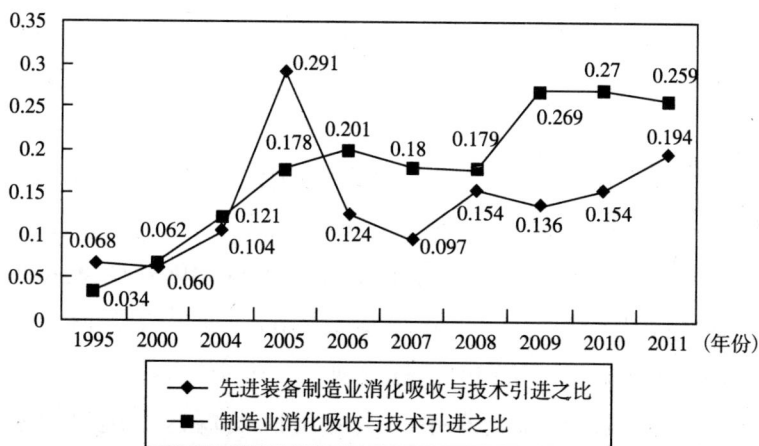

图 5-27　1995~2011 年中国先进装备制造业与制造业消化吸收与技术引进之比的对比

资料来源：中国高技术产业统计年鉴（1995~2012）；中国科技统计年鉴（1995~2009）。

但是，与制造业的平均水平相比，我国先进装备制造业对引进技术的消化吸收程度还较弱，在整个考察期间段内，仅 1995 年和 2005

年，先进装备制造业消化吸收力度高于制造业的平均水平，而在其他时间内都低于制造业的平均水平。这说明我国先进装备制造业对引进技术消化吸收的不足，"拿来就用"以及重引进、轻吸收的知识学习模式仍然普遍存在。

第三节　我国先进装备制造业自主创新优势度
——地区层面

一、自主创新优势水平的测度方法

（一）评价方法——区位熵及改进

用先进装备制造业自主创新基础评价指标的区位熵来反映地区该指标的集聚性情况，如某地区先进装备制造业 R&D 投入与该地区所有产业 R&D 投入之比与全国先进装备制造业该项指标占全国该项指标的比重相比，以反映某地区先进装备制造业 R&D 投入的优势水平。但是，先进装备制造业自主创新是一个系统的概念，涉及多方面因素。为达到系统性测度先进装备制造业自主创新的目的，首先计算先进装备制造业自主创新各项基础评价指标的区位熵值，然后再乘以各项基础评价指标在先进装备制造业自主创新的综合得分模型中的系数，再将得到的一级指标乘以相应的系数，得到各地区先进装备制造业自主创新的综合区位熵值，将该区位熵值作为先进装备制造业技术自主创新优势水平。

区位熵是区域经济学中一种经常采用的方法，又称区位熵系数法 LQ（Location Quotient），最初用来反映某一地区的特定产业部门相对于全国该产业部门的专业化水平，由此可以发现这一地区具有优势的产业部门。[①] 如 i 地区产业 j 区位熵系数 LQ_j 公式为：

$$LQ_j = (E_{ij}/E_i)/(E_{kj}/E_k) \qquad (5\text{-}4)$$

---

① 王伟光. 中国工业行业技术创新实证研究 [M]. 北京：中国社会科学出版社，2003.

式中，E_{ij} 是指 i 地区的 j 产业的就业，而 E_i 是 i 地区的总就业人数，E_{kj} 为第 k 个国家 j 产业的就业人数，E_k 为 k 国家总就业人数。若 LQ 大于 1，意味着 i 地区 j 产业的集聚水平高于全国产业平均集聚水平。

举例来说，i 地区先进装备制造业研发机构数的本地化水平 C_{b1}^i 为：

$$C_{b1}^i = \left(\frac{E_{ij}}{E_i} \right) / \left(\frac{E_j}{E_c} \right) \tag{5-5}$$

式中，E_{ij} 为 i 地区有研发机构的高技术企业的数量，E_i 为 i 地区规模以上企业数量，E_j 是全国有研发机构的高技术企业的数量，E_c 是全国规模以上企业的总数。若 $C_{b1} > 0$，则说明在 i 地区的企业中有研发机构的高技术企业数量的比重高于全国平均水平。因此，i 地区先进装备制造业知识基础的优势水平 $C_{inno-base}^i$ 为：

$$C_{inno-base}^i = \lambda_1 C_{b1}^i + \lambda_2 C_{b2}^i + \lambda_3 C_{b3}^i \tag{5-6}$$

按照这种方法，i 地区先进装备制造业创新投入优势水平为 $C_{inno-input}^i$、创新产出优势水平为 $C_{inno-output}^i$、知识学习优势水平为 $C_{knowledge-learn}^i$、政府支持优势水平为 $C_{GOV-sur}^i$，将各个方面进行综合得到 i 地区先进装备制造业自主创新优势水平 C^i：

$$C^i = \varpi_1 C_{inno-base} + \varpi_2 C_{inno-input} + \varpi_3 C_{inno-output} + \varpi_4 C_{knowledge-learn} + \varpi_5 C_{GOV-sur}$$

$$\tag{5-7}$$

式中，$C_{inno-base}$、$C_{inno-input}$、$C_{inno-output}$、$C_{knowledge-learn}$、$C_{GOV-sur}$ 分别为创新基础、创新投入、创新产出等一级指标下的基础测度级指标对各一级指标得分的贡献程度，而 ϖ_i 为创新基础、创新投入、创新产出、知识学习等一级指标对先进装备制造业自主创新的贡献程度。

（二）指标权重的确定

依据高技术产业技术创新体系的评价指标体系（见表 5-5）来确定各项指标的权重情况。为尽可能全面系统地反映我国高技术产业技术创新体系情况，本书选取了较多的指标。这些指标之间不可避免地会存在信息重叠，进而产生多重共线性等问题，所以为了排除这些指标内在的相关性对研究的影响，本书采用主成分分析法进行分析。

主成分分析的目的是从原始的多个变量取若干线性组合，能尽可能多地保留原始变量中的信息。运用 SPSS17.0 统计软件对高技术产业创新体系本地化评价指标体系中的知识基础、技术机会、创新独占性、技术知识累积性等一级指标的系数进行确定。由于高技术产业创新体系本地化涉及知识基础、技术机会、创新独占性、技术知识累积性与政府支持五个一级测度指标，各一级测度指标又设置基础测度指标。因此，要确定技术机会在高技术产业创新体系本地化的重要性程度，首先需要确定技术机会等一级测度指标中基础测度指标的重要性程度，然后用主成分分析方法对技术机会等所涉及的基础测度指标的系数进行确定。

1. 确定基础评价指标的系数

首先利用SPSS17.0统计软件将高技术产业技术创新体系本地化下属的研发机构数比重、有效发明专利比重和资产规模水平等基础测度指标的相关数据进行主成分分析（见表5-5）。首先对基础指标的 KMO 和 Bartlett 检验其是否适宜做主成分分析。

表5-5 创新体系本地化评价指标各基础测度指标的 KMO 和 Bartlett 的检验

	取样足够度的 Kaiser–Meyer–Olkin 度量	0.895
Bartlett 的球形度检验	近似卡方	2140.042
	df	55
	Sig.	0.000

表5-5 显示了主成分分析的 KMO 和 Bartlett 检验的结果。KMO 抽样适度性参数衡量的是测度变量之间的偏相关性。一般来说，该值大于 0.6 时适于做主成分分析。同样，Bartlett 检验显示拒绝创新基础各测度变量之间无相关性的假设（P=0.000），因此高技术产业技术创新体系本地化中各基础测度指标之间存在着共同信息，有必要做主成分分析。

通过SPSS17.0软件的计算，得到协方差矩阵特征值、特征值贡献率和累计贡献率如表5-6所示。

表5-6 创新体系本地化评价指标各基础测度指标解释的总方差

成分	初始特征值			提取平方和载入		
	合计	方差的（%）	累积（%）	合计	方差的（%）	累积（%）
1	5.980	54.360	54.360	5.980	54.360	54.360
2	1.226	11.149	65.509	1.226	11.149	65.509

续表

成分	初始特征值			提取平方和载入		
	合计	方差的（%）	累积（%）	合计	方差的（%）	累积（%）
3	0.796	7.239	72.748			
4	0.763	6.938	79.686			
5	0.558	5.070	84.756			
6	0.441	4.009	88.765			
7	0.355	3.232	91.997			
8	0.305	2.771	94.768			
9	0.267	2.425	97.193			
10	0.197	1.788	98.981			
11	0.112	1.019	100.000			

通常用前面几个主成分的累计贡献率大于某一特定值如85%来确定主成分的个数，但是单个主成分综合原始数据信息的能力是以其贡献率来衡量的。这样的方法反映的仅是前面几个主成分单独综合原始数据信息能力的总和，其综合原始数据信息的能力不可能超过前面几个主成分的累积综合能力，根据表5-7，第一与第二主成分综合原始数据信息的能力是最强的。两个主成分方差的累计贡献率为87.089%，大于85%，因此，采用第一和第二主成分来确定各基础测度指标前的系数。计算的因子得分值如表5-7所示。

表5-7　创新体系本地化评价指标各基础指标的成分矩阵

	成分	
	1	2
研发机构	0.726	−0.149
创新人才	0.740	−0.443
资产规模	0.615	0.486
研发经费内部	0.915	0.024
研发人员投入	0.893	−0.150
专利申请	0.709	−0.465
新产品销售收入	0.808	0.294
技术引进	0.674	0.446
消化吸收	0.536	0.406
技术改造	0.705	0.032
政府资金	0.704	−0.283

提取方法：主成分分析法。

a. 已提取了2个成分。

根据表 5-7 中的数据除以主成分相对应的特征根开平方根便得到两个主成分中每个指标所对应的系数，两个主成分的得分函数：

$$F_1 = 0.297b_1 + 0.303b_2 + 0.252b_3 + 0.374p_1 + 0.365p_2 + 0.290o_1 +$$
$$0.330o_2 + 0.276k_1 + 0.219k_2 + 0.288k_3 + 0.288g_1 \tag{5-8}$$

$$F_2 = -0.135b_1 - 0.400b_2 + 0.439b_3 + 0.022p_1 - 0.136p_2 - 0.420o_1 +$$
$$0.266o_2 + 0.403k_1 + 0.367k_2 + 0.029k_3 - 0.256g_1 \tag{5-9}$$

高技术产业技术创新体系本地化下各个基础测度指标的系数确定方法是用主成分 F_1、F_2 中每个指标所对应的系数乘上 F_1、F_2 和 F_3 所对应的方差贡献率再除以所提取所有主成分的方差贡献率之和，得到高技术产业技术创新体系本地化的综合得分模型：

$$Y_c = 0.541cb_1 + 0.437cb_2 + 0.494cb_3 + 0.574ci_1 + 0.573ci_2 + 0.385ci_3 +$$
$$0.463ck_1 + 0.437ck_2 + 0.526ck_3 + 0.463cp_1 + 0.437cp_2 + 0.526cp_3 \tag{5-10}$$

综合得分模型中每个指标所对应的系数即每个指标的贡献程度，反映了研发机构数（b_1）、有效发明专利数比重（b_2）和资产规模比重（b_3）等各基础指标对高技术产业技术创新体系本地化（Y_c）重要性程度。

2. 确定一级评价指标的系数

用创新基础、创新投入、创新产出、知识学习和政府支持中各个基础测度变量的原始数据乘以各自通过主成分分析确定的系数，并进行加总，形成创新基础、创新投入、创新产出、知识学习和政府支持一级测量变量的综合得分值，将创新基础等这些变量的综合得分值作为原始数据，并在此输入到 SPSS17.0 中做主成分分析，确定创新基础、创新投入、创新产出、知识学习和政府支持等一级变量在先进装备制造业自主创新评价指标体系中的系数。首先对各个一级评价指标进行 KMO 和 Bartlett 的检验以判断做主成分分析的适宜性，如表 5-8 所示。

表 5-8　各一级变量的 KMO 和 Bartlett 的检验

	取样足够度的 Kaiser-Meyer-Olkin 度量	0.846
Bartlett 的球形度检验	近似卡方	935.983
	df	10
	Sig.	0.000

表 5-8 显示了主成分分析的 KMO 和 Bartlett 检验的结果。KMO 抽样适度性参数衡量的是测度变量之间的偏相关性。一般来说，该值大于 0.5 时适于做主成分分析。同样，Bartlett 检验显示拒绝创新基础各测度变量之间无相关性的假设（P=0.000），因此先进装备制造业自主创新评价指标体系中各基础测度指标之间存在着共同信息，有必要做主成分分析，如表 5-9 所示。

表 5-9 各一级变量解释的总方差

成分	初始特征值			提取平方和载入		
	合计	方差的（%）	累积（%）	合计	方差的（%）	累积（%）
1	3.435	70.698	70.698	3.435	70.698	70.698
2	1.085	19.701	89.399	1.085	19.701	89.399
3	0.342	4.845	93.244			
4	0.161	3.226	96.470			
5	0.126	1.530	100.000			

依据累计贡献率大于 85% 的原则，选取第一和第二主成分来确定创新活动异质性中各基础测度指标前的系数。计算的因子得分值，如表 5-10 所示。

表 5-10 创新体系本地化评价指标各一级变量的成分矩阵

	成分	
	1	2
创新基础	0.873	0.172
创新投入	0.908	0.076
创新产出	0.152	0.858
知识学习	−0.243	0.195
政府支持	0.563	−0.539

根据表 5-10 中的数据除以主成分相对应的特征根开平方根便得到两个主成分中每个指标所对应的系数，两个主成分的得分函数为：

$$F_1 = 0.471d + 0.490i + 0.082p - 0.131k + 0.304g \tag{5-11}$$

$$F_2 = 0.165b + 0.073i + 0.823p - 0.187k - 0.517g \tag{5-12}$$

同样，用主成分 F_1、F_2 中每个指标所对应的系数乘以 F_1 和 F_2 所对应的方差贡献率再除以所提取所有主成分的方差贡献率之和，得到高技术产业创新体系中知识基础、技术机会、创新独占性、技术知识累积性等一级变量的系数：

$$Y_s = 0.453b + 0.458i + 0.404p + 0.191k + 0.139g \qquad (5-13)$$

二、自主创新优势水平的评价结果

借助加权区位熵以及通过主成分分析得到的创新基础、创新投入等变量和变量下属的测度指标的权重，利用 2001~2010 年 30 个省、市、自治区（未包括西藏自治区、香港和澳门特别行政区以及台湾省）高技术产业的截面数据，首先计算先进装备制造业自主创新评价指标体系中各三级评价指标的区位熵值，并乘以各自在二级指标中的权重，得到创新基础、创新投入和创新产出等二级指标的值，再乘以各二级指标在一级指标中的权重，然后分别乘以各自的权重 γ_i 得到 L^i 的值。依据这种方法，依次得到 2001~2010 年先进装备制造业自主创新的优势水平，将 2001~2010 年中国各地区先进装备制造业自主创新的优势水平的水平汇总，如表 5-11 所示。

表 5-11　2001~2010 年中国各地区先进装备制造业自主创新优势水平的变动趋势

省区＼年份	2001	2002	2003	2004	2005	2006	2007	2008	2009	2010	年份均值
北　京	6.181	6.538	7.636	6.545	6.161	5.178	5.618	6.451	6.549	5.397	6.225
天　津	4.023	4.604	6.623	6.233	6.153	4.639	4.333	4.343	4.254	4.154	4.936
河　北	1.738	1.777	1.957	1.761	1.638	1.526	1.325	1.578	1.634	1.656	1.659
山　西	0.687	0.562	0.774	0.491	0.583	0.737	0.923	1.042	0.913	0.903	0.761
内蒙古	0.142	0.081	0.128	0.205	0.326	0.388	0.388	0.393	0.326	0.427	0.280
辽　宁	3.194	3.237	3.425	4.070	2.951	2.041	2.204	2.457	2.290	2.078	2.795
吉　林	2.154	2.549	3.184	2.958	2.117	1.840	2.737	3.564	3.505	1.660	2.627
黑龙江	3.110	3.238	4.879	2.697	4.208	2.462	2.811	2.929	2.845	2.277	3.146
上　海	4.048	4.025	4.623	5.574	5.404	4.880	4.718	4.467	3.860	3.754	4.535
江　苏	3.574	3.691	4.747	4.351	4.229	3.978	4.685	5.618	5.078	5.253	4.520
浙　江	3.336	3.737	3.906	3.872	3.605	3.470	3.138	3.042	3.032	3.012	3.415
安　徽	1.035	1.084	1.970	1.933	1.474	1.075	1.177	1.432	1.390	2.627	1.520
福　建	4.822	4.826	5.520	5.389	6.290	6.031	6.258	5.862	5.192	5.560	5.575
江　西	3.290	3.588	2.061	3.394	4.191	4.395	4.354	3.212	3.467	4.847	3.680
山　东	2.285	2.253	2.639	2.690	2.367	2.107	2.338	2.245	2.339	2.378	2.364
河　南	1.394	1.427	1.848	1.971	1.819	1.719	1.736	1.769	1.977	1.804	1.746

续表

年份 省区	2001	2002	2003	2004	2005	2006	2007	2008	2009	2010	年份 均值
湖　北	1.647	1.752	1.625	2.320	2.664	2.986	2.765	2.609	2.750	2.584	2.370
湖　南	2.906	3.036	2.133	1.792	2.033	1.881	1.101	1.683	2.154	2.366	2.109
广　东	6.730	6.864	6.999	7.469	8.456	7.275	7.144	7.552	6.453	7.358	7.230
广　西	1.480	1.562	1.559	1.755	1.971	1.902	2.240	1.625	2.256	2.152	1.850
海　南	3.064	3.708	2.454	1.521	2.937	3.123	3.483	3.819	2.587	3.544	3.024
重　庆	2.148	2.109	2.104	1.885	3.040	1.996	2.100	2.343	2.482	2.405	2.261
四　川	3.592	3.508	4.167	3.931	3.880	4.284	5.106	4.498	4.006	3.507	4.048
贵　州	2.134	2.263	2.188	2.518	2.407	2.436	2.724	2.427	2.842	1.362	2.330
云　南	2.352	2.205	2.325	2.279	2.421	1.191	1.345	1.378	1.513	1.491	1.850
陕　西	4.510	4.752	4.370	4.277	4.011	3.930	4.044	4.210	4.604	4.959	4.367
甘　肃	2.014	2.078	1.630	1.240	1.518	0.946	0.978	1.476	1.032	1.565	1.448
青　海	1.752	1.866	0.578	0.149	0.193	0.308	0.571	0.265	0.751	0.180	0.661
宁　夏	3.073	2.983	1.891	2.737	2.154	4.328	3.142	2.085	1.412	1.497	2.530
新　疆	0.252	0.180	0.270	0.375	0.731	0.461	0.517	0.377	0.577	0.236	0.398
均　值	2.756	2.869	3.007	2.946	3.064	2.784	2.867	2.892	2.802	2.766	2.875
标准差	1.913	1.903	1.882	1.876	1.853	1.970	1.861	1.858	1.732	1.655	

三、结果分析

（一）先进装备制造业自主创新优势水平的变动趋势

从整体来看，中国先进装备制造业自主创新优势水平可划分为两个时间段。2001~2005 年（以下简称"十五"时期），先进装备制造业自主创新优势水平的平均值逐渐上升，从 2001 年的 2.756 上升到 2005 年的 3.064，说明中国各地区先进装备制造业自主创新优势水平的整体水平逐渐上升；2006~2010 年（以下简称"十一五"时期）的先进装备制造业自主创新优势水平的平均值开始下降，尽管 2006~2008 年各地区先进装备制造业自主创新优势水平的均值从 2.784 上升到 2.892，但很快下降到 2010 年的 2.766。与"十五"时期相比，"十一五"时期，中国各地区先进装备制造业自主创新优势水平开始下降，如图5-28 所示。

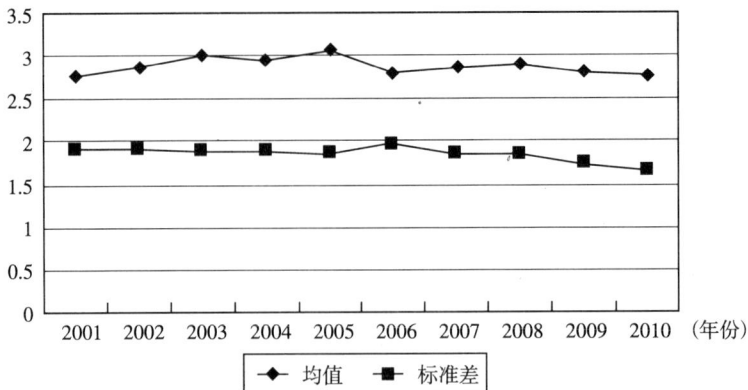

图5-28　中国先进装备制造业自主创新优势水平的变动趋势

2001~2010 年，中国先进装备制造业自主创新优势水平并没有随着时间而逐渐收敛，原因是这期间分布的标准差没有随着时间而下降。在"十五"期间，先进装备制造业自主创新优势水平的标准差逐渐减小，说明该段时间中国各地区之间先进装备制造业自主创新优势水平的差距逐步减小，而在 2006 年，各地区之间先进装备制造业自主创新优势水平的差距又进一步地扩大，但在"十一五"期间，分布的标准差又进一步地下降，各地区之间先进装备制造业自主创新优势水平之间差距进一步地缩小。而且相比"十五"期间，各地区高技术产业技术创新活动集聚性水平的标准差进一步地减小，说明该段期间各地区先进装备制造业自主创新优势水平逐步趋于稳定。

（二）先进装备制造业自主创新优势水平的地区差异

从"十五"期间与"十一五"期间各地先进装备制造业自主创新优势水平均值的对比来看（见图 5-29），"十五"期间中国各地区先进装备制造业自主创新优势水平已经展现出明显的区域非均衡性。其中，陕西和广东地区先进装备制造业自主创新优势水平处于第一层级，这些地区先进装备制造业自主创新优势水平都在 6 以上；第二类地区包括北京、天津、上海、江苏、浙江、福建、湖北和四川 8 个地区则处于第二层级，这些地区自主创新优势水平介于 4~6；第三类地区包括辽宁、吉林、黑龙江、河北、山东、安徽、河南、重庆、云南、贵州、广西、江西、湖南 13 个地区先进装备制造业自主创新优势水平介于

2~4；第四类地区包括山西、内蒙古、宁夏、青海、甘肃和海南6个地区，这些地区先进装备制造业自主创新优势水平在1以下。

在"十一五"期间，各地区先进装备制造业自主创新优势水平的非均衡性进一步加剧，广东先进装备制造业自主创新优势水平最高，处于第一层级；北京、天津、上海、江苏、福建、四川和湖北7个地区处于第二层级；辽宁、河北、河南、安徽、山东、江西、湖南和重庆8个地区处于第三层级；其他地区处于第四层级（见图5-29）。同时，沿海地区先进装备制造业自主创新优势水平依然很高，而内陆地区中先进装备制造业自主创新优势水平则进一步地降低，内陆地区的陕西、云南、贵州、广西、吉林和黑龙江地区先进装备制造业自主创新优势水平下降得较为明显。其中，陕西先进装备制造业自主创新优势水平从"十五"时期的7.542下降到"十一五"时期的5.733；贵州地区先进装备制造业自主创新优势水平从"十五"时期的1.266下降到"十一五"时期的0.834，云南地区先进装备制造业自主创新优势水平从"十五"时期的1.478下降到"十一五"时期的0.940，吉林地区先进装备制造业自主创新优势水平从"十五"时期的1.502下降到"十一五"时期的0.840，黑龙江地区先进装备制造业自主创新优势水平从"十五"时期的1.191下降到"十一五"时期的0.612。

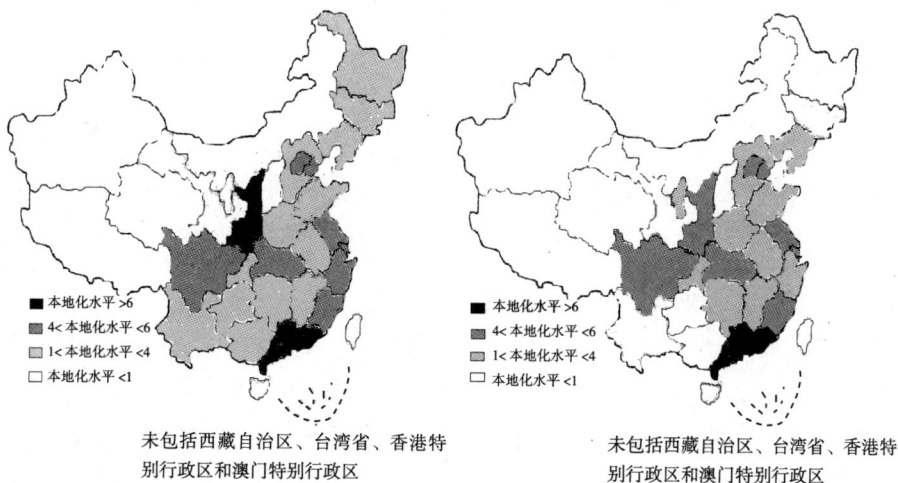

图5-29 "十五"时期和"十一五"时期中国各地区先进装备制造业自主创新优势水平对比

对比"十五"期间和"十一五"期间发现：

（1）从"十五"期间到"十一五"期间先进装备制造业自主创新优势水平高的地区数量基本不变，自主创新优势水平低的地区的数量则不断增加，而且自主创新优势高的地区主要分布于东部沿海地区，而内陆地区先进装备制造业自主创新优势水平普遍偏低。

（2）自主创新优势水平高的地区的周边地区先进装备制造业自主创新优势水平却很低，自主创新优势水平低的地区的周边地区自主创新优势水平也较低。如北京和天津自主创新优势水平都大于5，但其周边的河北、山东、山西、内蒙古等地区自主创新优势水平却都小于2。广东和福建先进装备制造业自主创新优势水平都大于5，但其周边地区的广西、浙江和江西并没有展现出较高的自主创新优势水平。同样在长三角区域也是如此，上海和江苏等地区自主创新优势水平较高，但周边的河南、安徽和江西等地先进装备制造业自主创新优势水平却不高。沿海和内陆以及先进地区与落后地区之间先进装备制造业自主创新优势差异有不断扩大的趋势，同时沿海地区先进装备制造业自主创新优势水平逐渐增加，而内陆地区自主创新优势水平逐渐减小，这种格局演变既反映了先进装备制造业创新活动的空间集聚格局，也反映了以广东、北京、上海、陕西和四川等地区为中心的跨区域创新体系或技术创新体系外向化的趋势越发明显。

（三）非一致性

从"十五"期间与"十一五"期间各地先进装备制造业自主创新优势水平均值的对比来看，"十五"期间中国各地区先进装备制造业自主创新优势水平已经展现出明显的区域非均衡性。其中，陕西和广东2个地区先进装备制造业自主创新优势水平处于第一层级，这些地区先进装备制造业自主创新优势水平都在6以上，这些地区先进装备制造业自主创新的主要特征是：①创新基础好。广东和陕西创新基础优势得分分别达到3.152和2.720，远高于全国平均水平（1.427）。②创新投入水平高。广东和陕西创新投入优势得分分别达到3.904和4.333，高于全国平均水平（1.510）。③创新产出强。两个地区创新产出的优势得分分别达到2.761和2.907，远高于全国平均水平（1.239）。

④知识学习强。广东和陕西知识学习得分达到 4.43 和 2.694，分别是全国平均水平（2.032）的 2.180 倍和 1.326 倍。⑤政府支持力度大。广州和陕西政府支持自主创新优势分别达到 1.089 和 1.349，分别是全国平均水平的 1.669 倍和 2.028 倍。

北京、天津、上海、江苏、浙江、福建、湖北和四川 8 个地区处于第二层级，这些地区自主创新优势水平介于 4~6，这些地区先进装备制造业自主创新的主要特征是：①创新基础好。这些地区创新基础优势得分均高于全国平均水平，且与第一类地区创新基础优势得分相差较小。②创新投入水平高。这些地区创新投入优势得分虽低于第一类地区，但都高于全国平均水平（1.409）。③北京、天津、江苏、浙江、福建和上海等地，这些地区在知识学习优势方面得分较高，大体与第一类地区相当，而四川地区知识学习优势得分低于其他 4 个地区，但政府支持优势得分高于其他地区。④北京和上海地区在创新基础、创新投入以及知识学习优势得分与第一类地区的广东和陕西大体相近，但创新产出优势得分方面低于广东和陕西。

第三类地区包括辽宁、吉林、黑龙江、河北、山东、安徽、河南、重庆、云南、贵州、广西、江西、湖南 13 个地区，先进装备制造业自主创新优势水平介于 2~4。这些地区先进装备制造业自主创新的主要特征是：①河北先进装备制造业在创新基础自主创新优势、创新投入优势以及创新产出优势得分均接近全国平均水平，但知识学习优势得分不高，仅为 0.935，远低于全国平均水平，政府支持优势得分较高，高于全国平均水平；②山东知识学习优势得分较高，高于辽宁等 4 个地区，但在创新基础、创新投入和政府支持优势得分均低于其他地区；③重庆和湖南先进装备制造业创新体系自主创新优势水平表现出一定的相似性，两个地区在创新基础、创新投入以及知识学习等优势得分相似，各方面指标优势得分值均低于全国平均水平；④辽宁、山东和湖南在知识学习优势得分较高，但创新投入优势得分不高，而重庆和湖北在创新投入优势得分较高，但知识学习优势得分较低。

第四类地区包括山西、内蒙古、宁夏、青海、甘肃和海南 6 个地区，这些地区先进装备制造业自主创新优势水平在 1 以下。这些地区先进装备制造业的主要特征是：①创新基础差，这些地区创新基础的创新优势得分普遍较低；②创新投入不足，这些地区创新投入自主创新优势得分均在 1 以下；③知识学习较差；④政府支持力度不够。

在"十一五"期间，各地区先进装备制造业自主创新优势水平的非均衡性进一步加剧，广东先进装备制造业自主创新优势水平最高，处于第一层级，其主要特征为：创新基础优势得分达到 3.194，远高于全国平均水平（1.547）；创新投入优势得分达到 3.750，而全国平均水平为 1.314；创新产出优势得分达到 3.211，全国平均水平为 1.108；知识学习优势得分为 3.481，全国平均水平为 1.881；政府支持优势的得分为 1.425，全国平均水平为 0.837。北京、天津、上海、江苏、福建、四川和湖北 7 个地区处于第二层级。辽宁、河北、河南、安徽、山东、江西、湖南和重庆 8 个地区处于第三层级。其他地区处于第四层级。

第四节　我国先进装备制造业自主创新优势度
——行业层面

一、各行业自主创新优势水平的评价结果

依据先进装备制造业自主创新测度方法和中国先进装备制造业自主创新评价指标体系及应用主成分分析得到的各指标权重，本书利用 2001~2010 年《中国高技术产业统计年鉴》、《中国科技统计年鉴》和"国研中心数据库"中各地区高技术产业中的相关数据对各地区先进装备制造业五大行业自主创新优势水平进行实证分析，计算结果如表 5-12 所示。

中国先进装备制造业各行业自主创新优势水平的变动趋势存在着明显的非一致性。从表 5-12 中可以看出，医药制造和航空航天制造业自主创新优势程度进一步加深，电子计算机及办公设备制造、电子及

表5-12　2001~2010年中国各地区先进装备制造业自主创新优势水平

行业地区	医药制造		航空航天		电子及通信设备		电子计算机及办公设备		医疗设备		高技术产业
年份	2001~2005	2006~2010	2001~2005	2006~2010	2001~2005	2006~2010	2001~2005	2006~2010	2001~2005	2006~2010	
北京	4.185	3.656	1.967	3.531	5.182	5.199	16.628	8.164	22.313	9.221	6.225
天津	6.252	6.315	0.408	0.832	6.366	4.279	3.150	2.065	0.868	0.941	4.936
河北	8.256	6.608	1.082	1.304	0.407	0.290	0.000	0.149	3.937	1.585	1.659
山西	1.594	1.968	0.683	0.009	0.143	0.339	1.111	0.464	1.628	2.125	0.761
内蒙古	0.655	1.383	0.060	0.000	0.007	0.033	0.000	0.016	0.001	0.002	0.280
辽宁	1.859	1.848	9.866	11.356	1.614	0.970	1.170	0.186	1.928	2.030	2.795
吉林	10.671	9.026	1.099	0.385	1.243	0.330	0.763	0.219	4.523	1.290	2.627
黑龙江	6.948	4.624	25.287	28.733	0.307	0.128	0.771	0.143	2.155	2.183	3.146
上海	2.877	2.888	0.841	2.456	5.107	4.433	3.890	3.766	4.774	3.826	4.535
江苏	4.828	4.410	1.465	0.804	4.696	4.797	4.742	6.022	4.730	7.572	4.520
浙江	7.132	6.339	0.000	0.243	2.628	2.644	1.072	2.680	8.355	7.273	3.415
安徽	2.302	2.368	2.912	2.263	1.060	1.292	0.894	0.993	2.225	2.902	1.520
福建	1.949	1.917	0.219	2.433	6.562	8.625	9.762	13.063	2.654	1.513	5.575
江西	6.791	7.901	15.848	21.916	1.243	1.282	0.047	0.162	4.951	4.423	3.680
山东	3.902	4.080	0.055	0.059	1.443	1.589	3.302	3.420	2.238	1.857	2.364
河南	2.501	4.255	3.497	4.218	1.161	0.635	0.000	0.071	2.305	3.749	1.746
湖北	3.395	4.733	3.258	4.404	1.609	2.122	0.179	0.885	2.319	1.885	2.370
湖南	2.890	3.205	6.360	2.430	1.091	0.650	4.351	1.245	2.425	4.625	2.109
广东	3.217	2.368	0.193	0.742	9.789	9.756	10.949	9.416	2.078	3.057	7.230
广西	6.957	6.970	0.009	0.012	0.874	0.765	0.280	0.072	1.198	1.133	1.850
海南	11.661	30.141	0.000	0.000	0.203	1.636	0.000	0.000	0.011	0.000	3.024
重庆	4.987	5.049	0.351	0.271	0.566	0.508	5.052	2.787	12.360	7.532	2.261
四川	3.476	3.609	9.719	18.644	3.864	4.565	0.700	0.333	2.273	1.375	4.048

续表

行业 地区 年份	医药制造		航空航天		电子及通信设备		电子计算机及办公设备		医疗设备		高技术产业
	2001~2005	2006~2010	2001~2005	2006~2010	2001~2005	2006~2010	2001~2005	2006~2010	2001~2005	2006~2010	
贵州	6.104	5.081	48.011	44.693	2.395	1.824	0.175	0.000	0.916	1.039	2.330
云南	5.992	5.543	0.000	0.000	0.448	0.121	3.754	1.156	6.631	1.375	1.850
陕西	4.596	3.087	46.376	43.199	5.151	3.199	0.502	0.080	8.471	5.023	4.367
甘肃	2.546	2.859	2.010	1.295	2.033	1.324	0.191	0.000	2.159	0.200	1.448
青海	6.817	1.178	0.000	0.000	0.000	0.000	0.015	0.000	0.948	1.794	0.661
宁夏	2.537	16.379	0.000	0.000	1.131	0.000	0.000	0.000	44.881	5.690	2.530
新疆	1.075	0.229	0.002	0.000	0.517	0.662	0.000	0.000	0.000	0.183	0.398
均值	4.632	5.334	6.053	6.541	2.295	2.133	2.448	1.919	5.208	2.913	2.875
标准差	2.725	5.595	12.491	12.374	2.434	2.496	3.875	3.227	8.720	2.488	1.710

通信设备制造和医疗设备制造自主创新优势程度逐渐下降。2001~2010年，中国各地区医药制造业自主创新优势水平呈现上升趋势，2001~2005年（以下简称"十五"时期）中国医药制造业自主创新优势的平均水平为4.632，而2006~2010年（以下简称"十一五"时期）医药制造业创新体系的本地化平均水平上升为5.334，增长速度为15.16%。航空航天制造业自主创新优势均值从"十五"时期的6.053上升到"十一五"时期的6.541，增长速度为8.06%。而电子及通信设备制造业自主创新优势均值从"十五"时期的2.295下降到"十一五"时期的2.133，增长速度为-7.06%。电子计算机及办公设备制造业自主创新优势均值从"十五"时期的2.448下降到"十一五"时期的1.919，增长速度为-21.61%。医疗设备制造业自主创新优势均值从"十五"时期的5.208下降到"十一五"时期的2.913，增长速度为-44.07%。

同时，各地区先进装备制造业分行业自主创新优势水平的差异性随着时间所展现的收敛和发散状态也存在着显著不同。其中，医药制造业、电子及通信设备制造业自主创新优势水平的地区差异性随着时间而放大。医药制造业自主创新优势的标准差从"十五"期间的2.725上升到"十一五"期间的5.595，电子及通信设备制造业标准差从"十五"期间的2.434上升到"十一五"期间的2.496，而航空航天制造，电子计算机及办公设备制造和医疗设备制造业自主创新优势的地区差异则随着时间而减小，其中医疗设备制造业自主创新优势水平的地区差异减小得最快，航空航天制造业地区差异性较为稳定。表现为航空航天制造业自主创新优势水平的标准差从"十五"期间的12.491下降到"十一五"期间的12.374，电子计算机及办公设备制造业从"十五"期间的3.875下降到"十一五"期间的3.227，医疗设备制造业从"十五"期间的8.720下降到"十一五"期间的2.488。

二、各行业自主创新优势水平的地区性差异

（一）医药制造业

"十五"期间，中国各地区医药制造业的自主创新优势已经展现出明显的区域非均衡性。其中，吉林、宁夏和海南地区处于第一层级，

这些地区医药制造业自主创新优势水平都在 10 以上；青海、黑龙江和河北等地区处于第二层级，这些地区自主创新优势水平介于 4~10；山东、江苏和广东等地区医药制造业自主创新优势水平介于 1~4；其余地区处于第四层级，这些地区高技术产业自主创新优势水平在 1 以下。从地域分布来看，医药制造业自主创新优势水平较高的地区大都在内陆地区，而沿海地区医药制造业的自主创新优势水平普遍低于内陆地区。而在"十一五"期间，内陆地区医药制造业自主创新优势水平依然很高，而沿海地区医药制造业自主创新优势水平仍然较低，如图 5-30 所示。

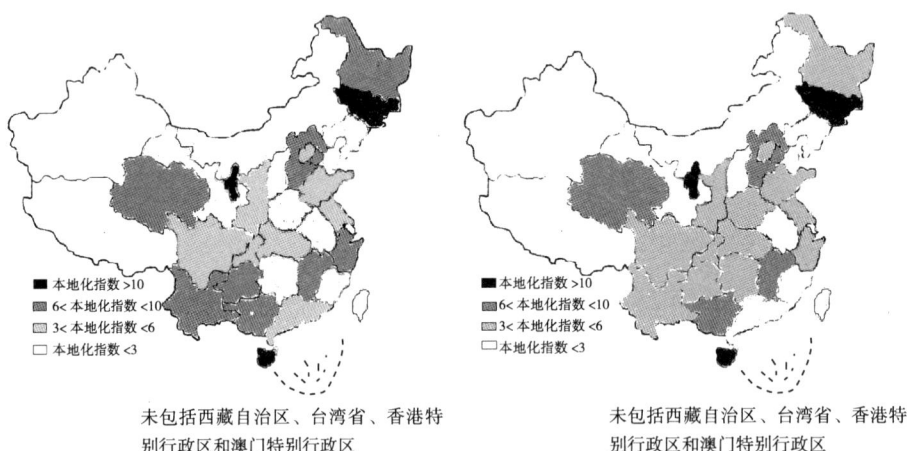

未包括西藏自治区、台湾省、香港特别行政区和澳门特别行政区

未包括西藏自治区、台湾省、香港特别行政区和澳门特别行政区

图 5-30 "十五"期间与"十一五"期间各地医药制造业技术自主创新优势情况

第三类地区包括吉林、河北、江西、浙江、黑龙江、云南和贵州地区，这些地区医药制造业自主创新优势水平高于高技术产业自主创新优势均值，但其医药制造业自主创新优势水平却逐渐下降；第四类地区包括辽宁、福建、江苏、北京、广东、新疆、陕西、河北和青海地区。

对比"十五"期间和"十一五"期间发现：①从区域层面来看，医药制造业自主创新优势高的地区没有发生变化，集中于东北地区的吉林和黑龙江，西南地区的云南、贵州和广西以及西部地区的宁夏和青海。相比内陆地区，东部沿海地区医药制造业自主创新优势水平普遍较低。②西南地区的云南、贵州和广西医药制造业自主创新优势水平在考察期间降低，说明西南地区医药制造业外向化的趋势逐渐加深。

（二）航空航天制造业

中国各地区航空航天制造业自主创新优势非均衡性非常明显。而且这种非均衡性并没有随着时间变化而改变。中国各地区航空航天制造业的自主创新优势已经展现出明显的区域非均衡性。航空航天制造业自主创新优势水平较高的地区只有黑龙江、辽宁、陕西、贵州和江西等9个地区，其中黑龙江、陕西、贵州和江西地区航空航天制造业自主创新优势水平最高，达到10以上。与黑龙江等9个地区相比，其他地区航空航天制造业自主创新优势水平普遍较低。与医药制造业相似，航空航天制造业自主创新优势水平较高的地区大都在内陆地区，而沿海地区航空航天制造业的自主创新优势水平普遍低于内陆地区，如图5-31所示。

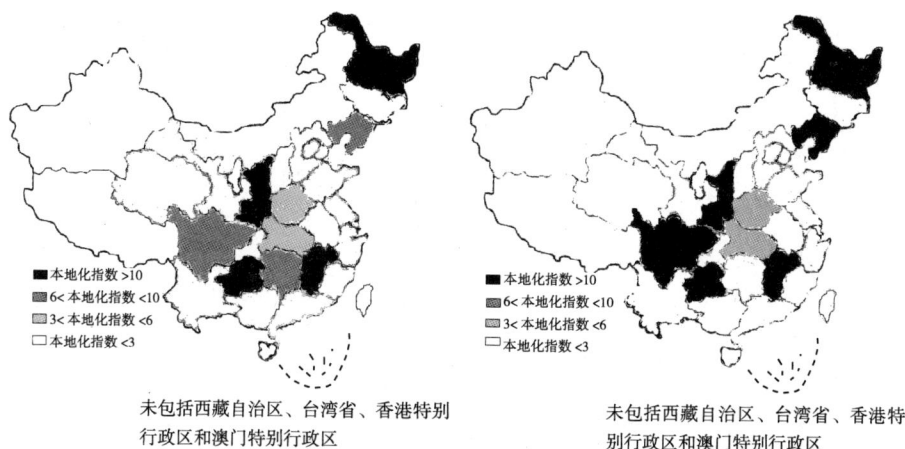

图5-31　"十五"时期与"十一五"时期各地区航空航天制造业自主创新优势情况

（三）电子及通信设备制造业

对电子及通信设备制造业来说，电子及通信设备制造业自主创新优势高的地区大部分集中于东部沿海地区，包括北京、天津、上海、福建和广东，内陆地区只有四川和陕西自主创新优势水平较高。同时毗邻北京、上海、福建和广东的周边地区电子及通信设备制造业自主创新优势水平也较高，但距离北京等自主创新优势水平高的地区的电子及通信设备制造业自主创新优势水平普遍较低，而且随着时间的演变这种趋势逐步地加深。从地域分布来看，除了四川和陕西之外，电子及通信设备制造业自主创新优势水平较高的地区大都在沿海地区，而内陆地区电子及通信设备制造业自主创新优势水平普遍低于沿海地区。而在"十一五"期间，各地电子及通信设备制造业自主创新优势的非均衡性进一步加剧，沿海地区电子及通信设备制造业自主创新优势水平依然很高，而内陆地区中原有的电子及通信设备制造业自主创新优势水平较高的地区缩小为陕西和四川两地区，西北、西南和东北地区电子及通信设备制造业自主创新优势水平急剧下降，如图5-32所示。

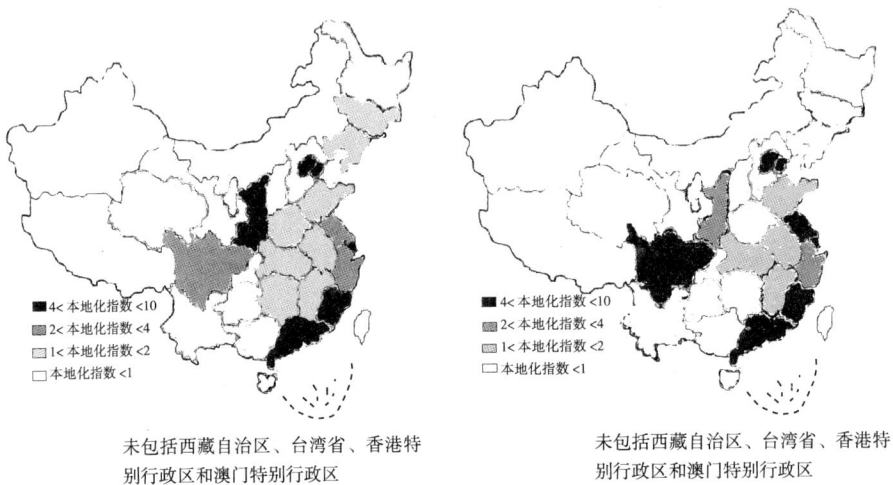

未包括西藏自治区、台湾省、香港特
别行政区和澳门特别行政区

未包括西藏自治区、台湾省、香港特
别行政区和澳门特别行政区

图5-32 "十五"时期与"十一五"时期各地区电子及通信设备制造业自主创新优势情况

（四）电子计算机及办公设备制造业

对电子计算机及办公设备制造业来说，电子计算机及办公设备制造业自主创新优势高的地区大部分集中于东部沿海地区，包括北京、福建和广东，内陆地区只有重庆和湖南本地化水平较高。同时毗邻北京、上海、福建和广东的周边地区电子计算机及办公设备制造业自主创新优势水平也较低，但距离北京等自主创新优势水平高的地区的电子计算机及办公设备制造业自主创新优势水平普遍较低，而且随着时间的演变这种趋势逐步地加深。而在"十一五"期间，各地电子计算机及办公设备制造业自主创新优势的非均衡性进一步加剧，沿海地区电子计算机及办公设备制造业本地化水平依然很高，而内陆地区的重庆和湖南电子计算机及办公设备制造业自主创新优势水平下降，如图 5-33 所示。

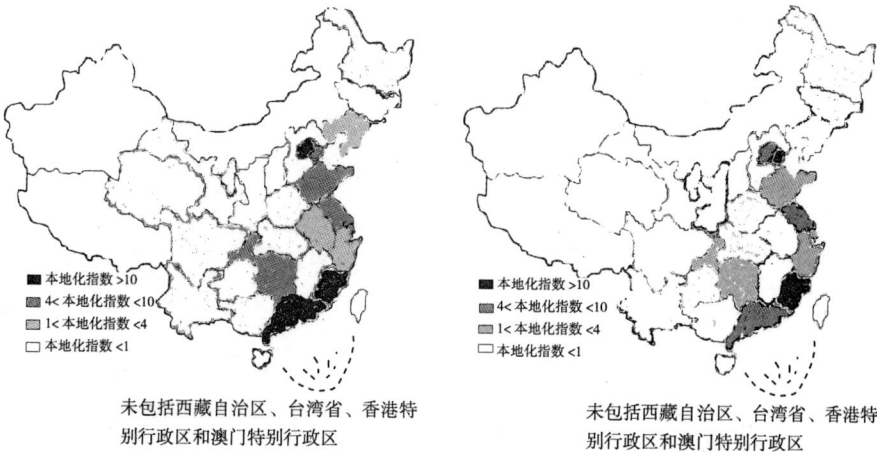

　　未包括西藏自治区、台湾省、香港特
　　别行政区和澳门特别行政区

图 5-33　"十五"时期与"十一五"时期各地区电子计算机及办公设备制造业自主创新优势水平

（五）医疗设备制造业

　　相比其他产业，中国各地区医疗设备制造业自主创新优势水平的非均衡性较弱。沿海地区和内陆地区医疗设备制造业自主创新优势水平的差距较小，包括北京、重庆和宁夏地区医疗设备制造业自主创新优势水平最高。但是在"十一五"期间，各地医疗设备制造业自主创新优势的非均衡性进一步减弱各地区医疗设备制造业自主创新优势水平普遍下降，沿海和内陆地区医疗设备制造业自主创新优势水平的差距进一步减小，如图 5-34 所示。

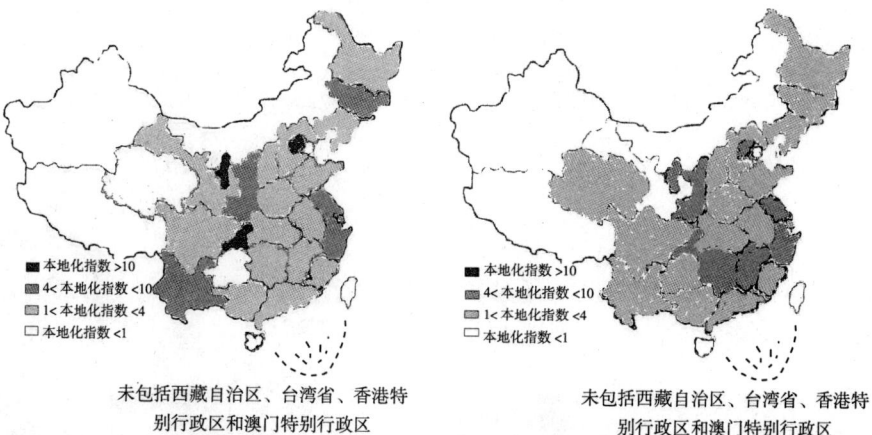

　　未包括西藏自治区、台湾省、香港特
　　别行政区和澳门特别行政区

图 5-34　"十五"时期与"十一五"时期各地区医疗设备制造业自主创新优势水平情况

第六章　先进装备制造产业发展的政策选择

第一节　基础因素

一、基本背景

作为"工业的心脏"和制造业的核心要件，装备制造业不仅是为国民经济各部门提供技术装备的物质生产部门，还是维护国家安全和提高国家综合竞争力的战略产业。装备制造业具有技术密集度高、产业关联度大等特点，包括金属制品业、普通机械制造业、专用机械制造业、交通运输设备制造业、电气机械及器材制造业、电子及通信设备制造业、仪器仪表及办公用机械制造业七大类中扣除了有关消费类产业制造业小类后的 186 个小类，相当于欧洲国家所指的"资本货物制造业"，即"生产生产资料的行业"。随着全球化趋势增强和中国经济社会发展，在政府政策引导和市场机制推动下，"十五"期间，三峡工程、西气东输、西电东送、南水北调、青藏高原铁路和京沪高速铁路、城市地铁建设等一大批重点工程，使中国装备制造产业进入到了一个崭新的发展阶段。

装备制造产业发展很快。据中国机械联合会公布的数据，2007 年上半年，机械工业完成增加值 7314 亿元，同比增长了 33.82%，连续

53 个月保持 18%以上的增幅，① 大大快于 GDP 增长幅度，成为支撑经济发展和改善产业结构的重要引擎。目前，我国装备制造业工业增加值仅次于美国、日本和德国，位居世界第 4 位，我国装备制造业的年均增速是 17.6%，几十种产品产量居世界第一位。② 振兴装备制造业的第一步战略任务已经初步完成，正在向更高阶段迈进。

近些年来，"中国制造"、"世界工厂"等称号被不断地送给了中国，但是，中国制造产业的总体发展水平，特别是装备制造产业的发展水平，无论是生产规模、质量和效率，还是技术、管理和制度，都与国际先进水平还存在很大的差距。"中国现在只是世界制造车间，中国由制造业大国向制造业强国转变，无疑是一个庞大系统工程"。与装备制造产业相对发达的生产体系相比，其技术体系、协作配套体系最为薄弱。近些年来，在承接国际产业转移的过程中，中国装备制造产业的生产制造能力显著增强，成为许多重要产品的供给者，已在世界上占有一席之地。但是，这种大规模生产能力的驱动力，在很大程度上依靠着大规模投资和出口市场，装备制造产业走的是一条生产要素简单堆积或诱致的粗放型发展之路。因为，在生产规模扩大和生产能力增强的同时，支撑其发展的技术体系和协作配套体系还存在诸多问题。在技术体系上，企业的研究开发投入比较低，面向市场的合作创新机制尚不完善；在协作配套体系上，许多关键零部件的国产化率比较低，而且物流、金融、信贷等配套服务发展水平比较低，难以支撑装备制造产业又好又快发展。

进入 21 世纪，中国装备制造产业面临的经济、技术和社会条件都在发生着变化，中国装备制造产业振兴的环境、内涵、途径与政策等也在发生着变化。新的环境要求和产业自身发展特点，决定了中国装备制造产业在振兴过程中，不仅需要充分利用经济全球化下产业转移、技术进步等客观条件，更需要在支撑中国现代化进程中发挥中坚作用，满足国民经济各部门的装备与装备升级的需求。这就需要在充分认识

---

① 黄缘缘，孙伟川. 装备制造业连续 53 个月保持 18%以上增幅［N］. 人民日报（海外版），2007-09-03.

② 吕政. 提高我国在国际产业分工中的地位［N］. 中国社会科学院院报，2005-11-10.

中国装备制造产业发展环境基础上，选择一条符合中国经济发展、产业基础和技术条件的振兴之路。

二、基于国际生产网络的产业转移

最近 10 年以来，由于发达国家经济增长速度放缓和大型基础项目建设处于饱和状态，装备制造跨国公司面临着利润骤减和制造成本加大的双重压力，而中国市场的优异表现诱导着国际装备制造产业加快向中国的转移速度。2007 年 10 月 9 日，美国《华尔街日报》的一篇文章指出，中国经济的快速发展成为许多跨国企业利润增长的重要源泉，2001 年，仅有 44 家在美上市企业称其收入中有 5% 以上来自中国市场，但到 2006 年，相关企业数量达到 108 家。许多跨国企业也认识到，在激烈的全球性竞争中，快速进入中国市场是获得更大发展机遇的前提条件。开放的大规模市场、丰富的廉价劳动力、高素质的工程技术人才、良好的产业基础和技术条件，使得 FDI 对华的产业转移出现了新特点，消费品制造业、轻型制造业或一般制造业逐渐让位于资本品制造业、重型制造业或装备制造业，后者成为跨国公司向中国转移的重点产业部门。[①] 在新一轮产业转移中，东北等老工业基地因其雄厚的产业基础和诸多生产要素的成本优势，成为许多跨国公司的战略投资区域，如韩国 STX 集团投资近 10 亿美元的造船项目、英特尔公司投资 25 亿美元的 12 英寸芯片厂项目等。国务院振兴东北办综合组的数据表明，2004~2006 年，东北三省实际利用外商直接投资同比分别增长 51.7%、89.5%、48.3%，远远高出全国增速。[②]

国际产业转移，一方面，增强了不同国家间产业发展、结构调整的互动性和依赖性，扩展了发展中国家参与国际分工以及获得外部资源和先进技术的渠道；另一方面，由于跨国公司 "梯度" 控制战略，控制着和新技术和产业价值链的关键环节，使发展中国家在国际分工体系中面临着边缘性和附属性等风险。但是，发展中国家在国际产业

---

① 世界装备制造业正在加速向中国转移. http://www.pinsou.com/news/2005/6/15/2005615933353899.htm.
② 东北成国际装备制造业转移的理想承接地〔N〕. 经济参考报，2007-06-11.

转移中主要作为承接国是普遍规律。[①] 产业国际转移与国际生产网络（International Production Network，IPN）越来越发达有着密切关系。[②] IPN 之所以能够迅速发展，与新生产组织结构的变化及其对产业价值链的深刻影响密不可分。其中，一个重要体现就是产业全球价值链的形成与发展。[③] 与此同时，供应商与客户之间的唇齿相依关系，也促进了本地化生产或者生产系统地区性组织化的趋势。[④] 能否在国际生产网络中占据有利地位，特别是不可或缺的独占地位，取决于转移类产业与本地生产体系的融合程度，以及本地生产体系的专有性质——是否存在有竞争力的本地化知识。因此，作为中国工业发展的支柱，装备制造产业在积极主动承接发达国家的部分生产、加工等环节的同时（见图 6-1），应该通过大规模的生产、加工等过程，尽快从模仿、学习阶段向创新阶段过渡，向产业分工的高端过渡。这需要在装备企业、关联企业、科研机构和政府之间形成一种网络式的合作关系，促进企业重组和规模扩张，培育一些具有旗舰作用的领导型企业。

---

① 吕政. 提高我国在国际产业分工中的地位 [N]. 中国社会科学院院报，2005-11-10.

② IPN 是指企业内部和企业之间的一种关系。通过这种关系，企业组织开展其整个系列的商业活动。这个网络不仅包括了一个旗舰企业或领先企业的下属机构和子公司，还包括了与这个企业相关的分包商、供应商、服务提供商或者其他参与到合作关系中的企业，例如提供制造标准者和研发分析者。参见 Borrus, Michael, Dieter Ernst, and Stephan Haggard, eds. International production networks in Asia [J]. London and New York: Routledge, 2000 (4): 4-14.

③ 全球价值链（Global Value Chain）或遍及全球的片断化价值链（Fragmented Value Chain）、全球商品链（Global Commodity Chain）是指为实现商品价值而连接生产和销售等过程的全球性跨企业网络组织，涉及从原料采集和运输、半成品和成品的生产和分销，直至最终消费者的整个过程，包括所有生产者和生产活动的组织及其利润分配。当前，散布于全球的、处于全球价值链上的企业进行着从设计、产品开发、生产制造、营销、出售、消费、售后服务、最后循环利用等各种增值活动。这种产业价值链实际上就是 ICP 的另外一种模式或者表现。资料来源：United Nations Industrial Organization. Industrial Development Report 2002/2003 [J]. Competing through innovation and learning, 2002 (4): 44-54。转引自王缉慈. 关于地方产业集群研究的几点建议 [EO]. 互联网资料。

④ Abernathy, Frederick H., John T. Dunlop, Janice H. Hammond, and David Weil. A stitch in time: lean retailing and the transformation of manufacturing—lessons from the apparel and textile Industries [M]. New York: Oxford University Press. 转引自 Shahid Yusuf 等. 东亚创新未来增长 [M]. 北京：中国财政经济出版社，2004.

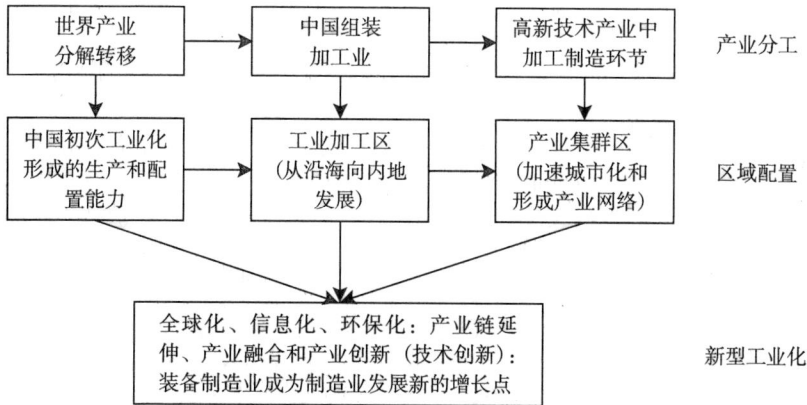

图6-1 20世纪80年代以来中国工业化进程中的制造业发展道路

资料来源：金碚. 世界分工体系中的中国制造业 [J]. 中国工业经济，2003（5）.

三、开放条件下的 R&D 资源配置

伴随着经济全球化，跨国公司技术转移以及技术创新战略的重新布局，技术创新全球化趋势日渐明显，主要体现在一国生产的技术在全球范围内的利用、创新的全球性和全球技术合作三个方面。[①] 创新全球化的基本单位是创新或创新项目，不同类型的创新全球化，其主体和表现形式不尽相同（见表6-1）。毫无疑问，与经济全球化一样，跨国公司在科技全球化尤其是产业技术全球化中扮演着决定性的角色，是技术转移、技术溢出的重要载体。

表6-1 创新全球化的形式和主体

层次	主体	形式
本国创新的全球化利用	追求利润的企业和个人	创新产品的出口；技术和专利的许可转让；创新产品的外国生产（合资企业等）
创新的全球性	跨国公司	在国内和全世界进行研发和创新活动（研发的国际化）
全球科技合作	大学和国立研究机构，各国的企业和跨国公司	科技项目合作，人员交流，合资企业等

资料来源：柳卸林，胡志坚. 跨国公司的创新全球化战略与中国企业的对策. 载中国科技促进发展研究中心. 中国科技政策与发展研究：2001调研报告精选 [M]. 北京：科学技术文献出版社，2002.

---

① Daniele Archibugi and Simona Iammarino. The policy implications of the globalization of innovation [J]. Research Policy，1999（28）：317-336. 转引自柳卸林，胡志坚. 跨国公司的创新全球化战略与中国企业的对策，载中国科技促进发展研究中心. 中国科技政策与发展研究：2001调研报告精选 [M]. 北京：科学技术文献出版社，2002.

在创新全球化浪潮中，外资企业在中国产业技术体系中的地位不断提高。无论是 R&D 投资规模、增长速度，还是 R&D 强度，外资企业均表现出新的"主导"型特点。2004 年，外资企业 R&D 经费总额达到 299.5 亿元，占全部企业 R&D 经费的 27.1%，比 2000 年提高了 6.6 个百分点；外资企业 R&D 经费增加额占全部企业增加额的 1/3。2000~2004 年，中国全部企业 R&D 经费年均增长 18.9%，其中外资企业 R&D 经费年均增长率为 27.6%，而内资企业为 16.4%。在外资企业 R&D 经费支出总额最高的七个行业中，除了金属制品业以外，其他 6 个装备制造产业部门均居其中。这些技术密集程度比较高的部门，一直是外资企业 R&D 经费支出规模高、投入强度大的产业（见表 6-2）。微软、IBM、摩托罗拉、西门子、北电网络、杜邦、通用电气、通用汽车、大众汽车、宝洁、本田、日立等大跨国公司均根据其全球经营战略，在北京、上海、天津、重庆、西安等知识密集型城市设立了 750 余家研发中心，集中在电子及通信设备制造业、交通运输设备制造业等技术密集型行业。[①] 这种状况表明，外资企业正在从间接利用中国创新资源的阶段，过渡到直接而系统地进行技术的战略投资，目的是在实现市场控制的同时，实现技术控制和遏制。外资企业已经不再满足直接从生产转移过程中获得超额利润了，而是通过研发活动的全球布局与其全球战略整合起来，不仅最大限度地利用中国高素质低成本的技术人才，而且通过设立研发机构，聚集大量高端技术资源，利用专利和标准战略等措施（见表 6-3），分割和控制中国产业技术体系，[②] 强化其技术优势，加强其对未来利润的独占。[③]

---

① 龚雯. 外企已在华设研发中心 750 多家，技术密集型为主 [N]. 人民日报，2006-02-09。

② 调查中发现，有些跨国公司通过购买、内部化我国某些科技成果等方式，打压国内同业竞争者；或者当国内企业有替代技术、生产工艺出现时，外企借助于强大的资本实力，采用降低成本等方式，相对提高国内竞争者技术应用成本，限制此类技术扩散；外企购买国内某些技术研发机构或者技术人员，通常使得我国某些产业技术研发出现断层，打乱国内产业技术链条，从而加大产业整体对外技术依赖，其结果只能是将利润转移到外资企业手中。

③ 从企业的经济性角度看，这种行为是合理的，但是当这些行为有染某种垄断，限制竞争的时候，就不再是一种单纯的自由经济活动了。

表6-2 外资企业 R&D 经费支出总额最高的七个行业（2000年，2004年）

	2000年		2004年		2004年比2000年增加R&D经费（亿元）	增量占全部行业总增量的比重（%）
	R&D经费（亿元）	占全部行业的比重（%）	R&D经费（亿元）	占全部行业的比重（%）		
通信设备、计算机及其他电子设备	38.56	38.8	119.30	39.8	80.73	40.4
交通运输设备	11.80	11.9	43.55	14.5	31.76	15.9
电气机械及器材	8.24	8.3	26.01	8.7	17.77	8.9
通用设备	4.01	4.0	14.43	4.8	10.43	5.2
纺织业	0.85	0.9	9.03	3.0	8.18	4.1
化学原料及化学制品	5.74	5.8	13.83	4.6	8.09	4.0
仪器仪表及文化、办公用机械	1.90	1.9	8.26	2.8	6.35	3.2

资料来源：国家统计局.工业企业科技统计年报 [R]. 2000年，2004年.

表6-3 跨国公司在华研发布局趋势

R&D战略	主要趋势	案例
控制R&D机构	从合资合作走向独资或控股	阿尔卡特以"50%加1股"的模式控股上海贝尔，经过改组改造，将其纳入全球生产和研发体系
建立地区性研发中心	积聚本地优秀人才，面向中国市场和全球市场开展研发	目前，跨国公司在华地区性研发中心达400多家，仅上海就有100多家，它们既是跨国公司全球研发体系的重要支撑，又是聚焦中国市场的研发主体
利用专利、标准打压中国本土产业	通用电气、松下、IBM等先后在中国建立了专门的知识产权维护机构，针对国内企业的"专利大战"初露端倪	2002年，日立、松下、东芝等6C联盟起诉国内DVD厂商侵权，致使国内厂家每生产一台DVD就要支付4.5美元的专利许可费，迄今已赔付30多亿元
将在华R&D与公司的全球化战略整合	从本土化经营到全球化运作，跨国公司将中国市场视为全球市场的重要组成部分，将其纳入全球生产、供应和研发体系，实现生产要素的国际交换和全球流动	联合利华等公司还将中国本土的管理或技术人才派遣到海外工作

资料来源：叶国标.跨国公司在华投资出现十个新特点. http://www.xinhua.org，有修改.

客观上看，FDI 在带动中国相关产业发展，提高经济实力方面发挥了积极作用。但是，外资的技术"溢出"效应并没有达到"市场换技术"的战略预期。OECD 的一份研究报告也认为，外国直接投资和技术贸易是中国科技能力提高的重要途径，但是其作用有限。在 R&D 资源配置全球化的过程中，如果缺乏有效的 R&D 战略，缺乏有意识的自觉技术学习，中国装备制造等技术密集型部门与国外的技术差距将会进一步扩大，甚至原有的技术基础也将不复存在。因此，未来中国装备制造产业技术体系必须在充分利用 R&D 全球化的技术溢出效应的同时，将溢出技术、学习技术与原有的技术基础结合起来，并升级原有技术基础，形成"以我为主"的主导型路线，这样才能为中国现代化提供更加先进、更加经济、更加适用的有竞争力的新型装备。

四、新型工业化的市场需求

处于工业化发展新阶段的中国，急需一批有着高度成长性、带动性、渗透性和竞争性的现代装备制造企业，支撑历史空前的人类工业和现代文明。经济发展模式的根本性转变，需要一大批技术含量高、生产效率高、生态效益高的设备。根据工业化的有关理论和经验，工业结构的演变一般要经历重（化）工业化、高加工度化和技术集约化三个阶段，其中每个阶段又包括不同的发展时期。随着工业结构升级的演进，包括装备制造在内的技术密集型产业的发展表现出逐步加快的趋势，并逐渐成为支撑经济发展的主导产业。[①] 自从国家装备制造业振兴战略实施以来，面对高速成长的市场需求，[②] 中国装备制造产业进入到了一个高速增长时期，主要经济指标均达到了同期 GDP 增长的 3 倍左右（见表 6-4）。许多地区的装备制造产业也展现出了良好发展态势，并成为地方经济发展的主导力量。2006 年，江苏装备制造产业总产值 11890.32 亿元，较 2005 年增长 28.5%；安徽机械行业实现工业总产值 1080 亿元，成为该省工业行业首家突破千亿元的产业；浙江装备制造业完成工业总产值 9458.7 亿元，同比增长 28.9%。[③]

[①] 郭克莎. 我国技术密集型产业发展的趋势、作用和战略 [J]. 产业经济研究，2005（5）.

[②] 例如，冶金工业的发展，不仅会对冶金技术装备产生极大需求，还需要各种铸造、轧制设备。化工业需要大的裂解、聚合装置。汽车工业需要各种机械加工、焊接、喷涂、检测等设备。这些装备的生产都需要大量的资金投入，但工业化中期对能源、原材料等重化工业旺盛的需求将带动相关装备制造业的进一步发展。资料来源：http://www.designnews.com.cn/article/html/2006-12/200612120953091.htm.

[③] 江苏、安徽、浙江的装备制造产业数据来源于相应省份的国民经济和社会发展公报（2006 年）。江苏装备制造产业主要包括通信设备、计算机及其他电子设备制造业，通用设备制造，电气机械及器材制造业 3 个主要行业。

表6-4　2003~2006年中国装备制造产业的部门增长（2003年为基期）

单位：%

指标	工业总产值			从业人数			企业数			劳动生产率*		
年份	2004	2005	2006	2004	2005	2006	2004	2005	2006	2004	2005	2006
1	0.37	0.69	1.20	0.13	0.28	0.41	0.15	0.38	0.52	0.21	0.33	0.56
2	0.39	0.85	1.43	0.10	0.24	0.33	0.20	0.56	0.75	0.27	0.49	0.83
3	0.20	0.57	1.00	-0.02	0.04	0.07	0.14	0.41	0.55	0.22	0.51	0.86
4	0.21	0.38	0.81	0.05	0.12	0.18	0.15	0.37	0.48	0.15	0.24	0.53
5	0.33	0.76	1.28	0.14	0.38	0.50	0.14	0.49	0.57	0.17	0.28	0.52
6	0.37	0.72	1.11	0.23	0.61	0.85	0.13	0.52	0.61	0.11	0.06	0.14
7	0.29	0.69	1.13	0.05	0.18	0.29	0.11	0.51	0.58	0.23	0.43	0.65
8	0.31	0.65	1.11	0.10	0.28	0.39	0.15	0.46	0.59	0.19	0.29	0.51

注：1—金属制品业；2—通用设备制造业；3—专用设备制造业；4—交通运输设备制造业；5—电气机械及器材制造业；6—通信设备、计算机及其他电子设备制造业；7—仪器仪表及文化、办公用机械制造业；8—装备制造产业。

*：劳动生产率＝总产值/从业人数。

　　与此同时，中国重大工程项目的组织实施和国民经济部门生产设备的更新换代，也为装备制造产业的发展创造了巨大市场空间。例如，中国石油、中国石化和中海油的一批新建、扩建炼油、乙烯、PTA、甲醇等项目，对石化装备需求每年就达300亿元。[①] 这种技术需求体现在两个方面：①装备制造产业自身的技术升级需求。例如，在很多核心技术上，中国实际上至少比国外落后两代以上。中国机械行业大中型企业的1000多种主要专业设备中，技术经济性能比较先进的只占1/3，近1/5已经严重老化，超期使用率高达40%。[②] ②其他部门的技术需求。新型工业化的本质是追求一种和谐发展、绿色制造的生态化产业发展模式，这要求那些能源消耗高、污染严重的部门必须引用和大规模应用先进装备。例如，能源行业大型装备的技术水平明显低于发达国家，生产耗费高、资源利用率低，而且污染比较严重。在这种情况下，那些能够显著提高产业技术水平和制造能力的装备产业将进入新的发展时期。根据国家发展和改革委员会的预测，"十一五"末国产

---

① 改变依赖引进局面　石化装备国产化进程将提速 [N]. 中国石油报，2007-04-30.
② 吴新力. 加快发展我国重大技术装备制造业 [J]. 学习与研究，2006（9）.

数控机床占国内需求的比重将从目前的40%上升至50%以上，国产数控机床采用自己的功能部件将达到60%以上。2009年，数控车床销售数量达8.9万台，年均增长率为16.5%，而加工中心消费数量将达2.8万台，较2005年年均增长率为17.8%。这些巨大需求，将为关键功能部件和数控系统、高精度数字化测量仪器和数控刀具、高级型数控机床示范等技术及相关行业发展提供前所未有的增长空间，装备制造产业已经成为工业利润的主要贡献者。①随着发电、数控机床、石化等重大装备技术水平和国产化率的稳步提升，装备制造产业投资快速增长。2007年上半年，通用设备制造业、专用设备制造业等投资增速均保持着50%以上的增长速度。②

五、先进制造技术的市场机会

改革开放以来，我国装备制造业的技术装备的设计和制造能力有了明显增强，研发制造出了激光照排、数字程控交换机、卫星及运载工具、正负电子对撞机等为代表的一系列先进装备。③装备制造产业的质量竞争力不断提高，远远高于其他工业部门。2005年，中国制造业质量竞争指数排名前10位的行业中，有6个是装备制造部门，其中前4名都是装备制造工业部门，其质量竞争力指数均高于29个制造业平均水平的1倍以上（见表6-5）。这表明，中国工业竞争力取决于制造业，而制造业的竞争力则取决于装备制造部门。巨大的市场需求和投资驱动也使得装备制造的设备利用率达到了新的水平。例如，2006年，辽宁省设备利用率连续4个季度保持在85.6%~87.1%，平均在86%以上。④这些基于新一轮工业化的市场、技术需求，为中国装备制造产业全面振兴创造了新的发展机会。

---

① 2006年，在整个工业中，机械行业固定资产投资仅占8%，但创造了工业利润的35%。参见10~15年中国装备制造业将实现快速增长. http://www.zgbfw.com.

② 2007年上半年我国装备制造业投资持续快速增长. NEWS.C-CNC.COM.

③ 吕政. 提高我国在国际产业分工中的地位 [N]. 中国社会科学院院报，2005-11-10.

④ 资料来源：中国拟在建项目网。

表 6-5　2005 年制造业各行业质量竞争力指数（前 10 名）

排名	行业	质量竞争力指数	29 个制造业平均水平倍数
1	通信设备、计算机及其他电子设备制造业	83.72	1.08
2	通用设备制造业	83.48	1.07
3	仪器仪表及文化、办公用机械制造业	83.42	1.07
4	专用设备制造业	82.8	1.07
5	黑色金属冶炼及压延加工业	82.59	1.06
6	有色金属冶炼及压延加工业	82.03	1.06
7	电气机械及器材制造业	81.1	1.04
8	橡胶制品业	79.96	1.03
9	交通运输设备制造业	79.91	1.03
10	化学原料及化学制品制造业	79.67	1.02

资料来源：国家质检局，国家统计局.2005 年全国制造业质量竞争力指数公报[R].2006-09-12.

　　现代装备技术新发展也为中国装备制造业振兴提供了难得的技术机遇。2000 年，美国 ICAF（The Industrial College of the Armed Forces）出版了《Advanced Manufacturing》，指出通过积极应对实现协作共赢、促进人力和技术的集成、将信息及时有效地转化为知识、快速实现资源的重新配置、保护环境等挑战，一个成功的先进制造公司才能保持其竞争优势。当前，世界制造科技发展的总趋势可归纳为以下四个方面：[1] 绿色制造是制造科技的发展方向、与高新技术相互融合、制造技术发展日新月异、信息技术大大促进和提升制造技术水平、极端制造是制造技术发展的重要领域。[2] 在历经手工生产、大工业生产阶段之后，目前中国装备制造产业进入到了虚拟现实工业生产阶段。数字化、精密化、极端化、自动化、集成化、网络化、智能化和绿色制造 8 个

---

　　[1] 制造业发展科技问题研究专题组. 国家中长期科学与技术发展规划战略研究专题之三——制造业发展科技问题研究 [R].2004，7.
　　[2] 极端制造是指在极端条件或环境下，制造极端尺度或极高功能的器件和功能系统。当前，极端制造集中表现在微细制造、超精密制造、巨系统制造和强场（如强能量场）制造。例如制造空天飞行器、超常规动力装备、超大型冶金和石油化工装备等极大尺寸和极强功能的重大装备，制造微纳电子器件、微纳光机电系统等极小尺度和极高精度的产品。资料来源：同[1]。

方面将成为未来先进制造技术（AMT）的发展新趋势。[①]

六、产业竞争中的政府

毋庸置疑，作为国民经济的重要组成单元，装备制造业是实现工业化的必备条件。现代高新技术发展及产业化与国家安全，也离不开强大的装备制造产业。作为一种战略产业，装备制造业还是衡量一个国家国际竞争力的重要标志，更是决定一国在国际分工中地位的关键因素。装备制造产业的战略性，促使许多发达国家采取多种措施支持装备制造产业发展。日本制定《振兴制造业基础技术基本法》，把制造业视为基础产业，予以继续加强支持。日本经济产业省还设立了"尖端制造技术研究中心"，支持装备制造产业技术开发。新加坡政府在21世纪的发展规划中，强调了制造业在经济发展中的战略地位，把制造业和服务业视为拉动经济发展的双"引擎"。美国国防部、能源部、国家标准和技术研究所以及国家科学基金会共同资助了麻省理工学院"下一代制造"（Next Generation Manufacturing，NGM）项目，以保证美国制造业在新的竞争环境中保持领先地位。法国在20世纪50~60年代实施的核电、高速列车等装备产业发展计划，奠定了在先进制造业领域的竞争优势。

装备制造产业的高增长性、高关联性、高集聚性，使得许多地方政府通过发展规划、发展战略和相关措施，将装备制造产业视为区域财富创造和社会福利提升的重要支柱。在中国，近20个省市将装备制造业列为"十一五"时期的发展重点（见表6-6）。珠三角地区将重点建设先进制造技术创新基地、装备制造产业基地；长三角地区将力争

---

① 这些先进制造技术（AMT）主要有计算机辅助设计/计算机辅助制造/计算机辅助工程（CAD/CAM/CAE）、计算机辅助工艺规划（CAPP）、成组技术（GT）、计算机集成制造（CIM）、柔性制造（FM）、面向"X"的设计（DFX）、精良生产（LP）、最优生产技术（OPT）、并行工程（CE）、企业过程重组（BPR）、产品数据管理（PDM）、制造资源计划（MRP II）、企业资源计划（ERP）、供应链管理（SCM）、管理信息系统（MIS）、全面质量管理（TQM）、全面生产维护（TPM）、敏捷制造（AM）、智能制造（IM）、虚拟产品开发（VPD）、虚拟制造（VM）、协同制造（CM）、遥远控制（RM）、快速原型（RP）、绿色制造（GM）、生物型制造（BM）、现代集成制造（CIM）等。AMT技术现在开始逐步在我国工业生产上应用，日益显示出AMT在工业上的巨大潜力。资料来源：沈旭东. 先进制造技术对我国制造业提出新要求［J］. 中国科技成果，2006（11）.

建成包括装备制造业技术在内的国际技术创新中心及我国重要的应用研发和基础研究中心；东北老工业基地正在以装备制造业为重点，加大基础装备的产业化步伐。新一轮的产业布局，将为中国装备制造产业的全面振兴创造良好的条件，但是，有必要在遵从市场机制作用的前提下，加强宏观引导，避免不必要的重复投资和过度竞争。

表6-6　各省市"十一五"时期产业发展规划比较

地　　区	汽车、钢铁、冶金	装备制造业	高新技术产业
黑龙江	—	装备制造	电子信息技术、生物技术、新材料、新能源
吉　林	汽车、冶金	—	高技术
辽　宁	汽车及零部件产业	装备制造业、成套设备	—
内蒙古	冶金	装备制造	高科技
陕　西	—	飞机、汽车等装备制造基地	软件、信息产业、生物制药等
新　疆	—	—	高新技术产业体系
山　西	钢铁、镁、铝加工	—	—
广　东	汽车、钢铁基地	装备制造	电子信息、新材料、生物医药、新能源
江　苏	汽车制造	汽车、造船等装备制造	电子信息、生物工程、新材料
河　北	钢铁基地	装备制造	电子信息
河　南	汽车零部件、有色工业	装备工业	—
山　东	汽车、钢铁	汽车、船舶等装备制造	电子信息
北　京	汽车制造	装备制造	软件、集成电路、信息网络、生物工程和新医药、新材料、新能源等产业
上　海	汽车、钢铁	高端装备制造业	光电子产业、太阳能利用、新材料等
浙　江	—	交通运输设备、环保专用设备等装备制造	电子通信设备、生物医药等
福　建	汽车	造船、飞机维修、工程机械等	集成电路、软件、光电、生物、制药、环保、海洋和新材料等
重　庆	汽车、摩托车氧化铝和铝加工	内燃机、环保成套设备、仪器仪表、军事装备等	信息、生物、新材料、新能源产业等
湖　北	钢铁、汽车		以光电子信息为重点
湖　南	钢铁有色	装备制造	电子信息、新材料、生物医药
江　西	汽车、特色冶金	汽车航空及精密制造	生物医药产业、电子信息和现代家电产业
广　西	汽车、铝业、钢铁、锰业	工程机械等	—

资料来源：北京国际城市发展研究院数据中心，www.XINHUANET.com，2006-01-10。有改动。

第二节　基本路径

一、集约化战略

振兴装备制造业最为直接的体现是：能够满足国内市场的需求，支持国民经济各部门的装备需求；能够在有计划有组织地引进国外先进技术的基础上，充分消化吸收引进技术，与原有生产体系和组织体系紧密融合，创造出更高级、更实用、更适用、更有竞争力的新技术、新工艺、新产品，逐渐实现国产化和替代进口技术，并适时出口技术；能够明显改善装备制造产品出口结构，提高附加值比率，改善综合服务质量，培养一批具有国际竞争力的大企业及其配套企业群。

以往中国装备制造业基本延续着一种追求"规模化"的适应性战略路径发展。[①] 这种战略对于当时中国装备制造业的建立、完善与发展发挥着巨大作用。"规模化"的适应性战略本质上是基于发展阶段的一种自我演化的发展路线，它的最大特点是与发展阶段保持一定的"协调性"，是立足于发展阶段的一种需求反映，即能够较好地满足特定时期（计划经济体制下的"短缺经济"时代）的某些需求，缓解该阶段的生产规模问题，如快速扩大生产规模，满足市场需求。但是，这种模式又属于一种被动响应模式，关注焦点不是技术结构、生产结构、产品结构及其基础上的产业结构高级化。粗放式的发展路径难以成为"根本性"结构优化升级的内在动力，更不能促进发展阶段的高级化。

基于"规模化"、超越"规模化"的"集约化"战略模式，是一种

---

① 有学者结合国外经验，认为机械工业发展的战略模式，大致可以归纳为两类：一是以国民经济各发展阶段的重点为重点的所谓"适应性"发展战略，实现这一战略的有前苏联、前东欧及其他一些实行计划经济体制的国家；二是从提高机械工业自身素质技术进步为重点的所谓"基础性"发展战略，西方、日本及一些新兴工业国家多采取这一模式。参见陈斌，刘勇，翟东升. 振兴我国机械工业的战略抉择——促进我国机械工业"适应性"和"素质性"战略的有机结合 [J]. 管理世界，2000（1）.

基于发展阶段、超越发展阶段的主动式发展战略模式，其特点是充分发挥与发展阶段相适应的资源禀赋优势，从装备制造业内部的技术、生产、组织和产品等多种结构优化与升级的角度，突出产业的内生性动力强化与释放的一种模式。参照国外经验与中国装备制造产业发展现状，集群化发展与集成化创新将是实现传统模式转变，促进中国装备制造产业全面振兴的重要路径。

二、集群化发展

企业集中、资源集聚、产业集群在深化分工、强化产业关联和协作、弱化交易和创新成本、优化产业组织结构、形成区域化的专有竞争优势等方面具有重要作用。装备制造产业特点决定了产业国际转移的速度加快，[①] 规模扩大，产业价值链分解得越来越细，并伴随着模块化。[②] 缺乏本地支撑的装备制造产业是一个没有竞争力的流动性生产体系，即具有很强的可复制性。只要有更优惠条件或其他要素具备，利润导向和市场导向的跨国公司将毫不犹豫地将生产过程中某些环节或者整个生产体系转移到其他地区。在这种条件下，建立和发展本地化的装备制造产业生产、技术体系，是形成不可模仿和移植的核心竞争力之关键。集群化发展是建设与强化这一体系的重要途径。

现代信息通信技术的发展，导致产业结构发生了根本性变化。这种变化的一个重要表现就是生产体系的"模块化"趋势。现代产业结构的这种模块化趋势，使得整个社会再生产的各环节的集中与分散态势较之于以往更加明显和突出。无论是集中，还是分散，其结果之一

---

① 在工业化过程中，中国全方位的和相当彻底的对外开放政策所获得的一个直接益处是：广泛地获得了国际分工，特别是产业分解所提供的制造业发展机会，形成了许多加工区和产业集群区，为地区工业配套能力的增强和大规模发展加工制造业的发展，奠定了坚实的基础。这种产业转移和产业发展路线仍然会对未来发展产生一定路径依赖关系。参见金碚. 世界分工体系中的中国制造业 [J]. 中国工业经济，2003（5）.

② 所谓模块，是指"半自律的子系统，通过和其他同样的子系统按照一定的规则相互联系而构成的更加复杂的系统或过程"。模块化可以区分为两个层面的内容："模块分解化"和"模块集中化"，前者是指"将一个复杂的系统或过程按照一定的联系规则分解为可进行独立设计的半自律的子系统的行为"，后者是指"按照某种规则将可进行独立设计的子系统（模块）统一起来，构成更加复杂的系统或过程的行为"。参见青木昌彦，安藤晴彦等，模块时代：新产业结构的本质 [M]. 上海：上海远东出版社，2003.

是造就了一批基于生产集中或分散的多样化的产业集群。这种产业分工协作体系的细化与深化是产业集群产生的必要条件之一。一个有持久竞争力的产业集群，离不开一种产业分工精细与协作紧密的合作关系网络（见图 6-2）。这种网络的横向维度是一系列企业的内部价值链组合，其纵向纬度是不同企业在产业价值链上的多重组合关系。这些横纵向关系的交互作用，使得企业内、同类产业企业间以及不同产业企业间，形成了基于企业内部价值链的产业分工与协作网络关系。这种关系的存在为产业集群的发生、发展与更新创造了基本条件。

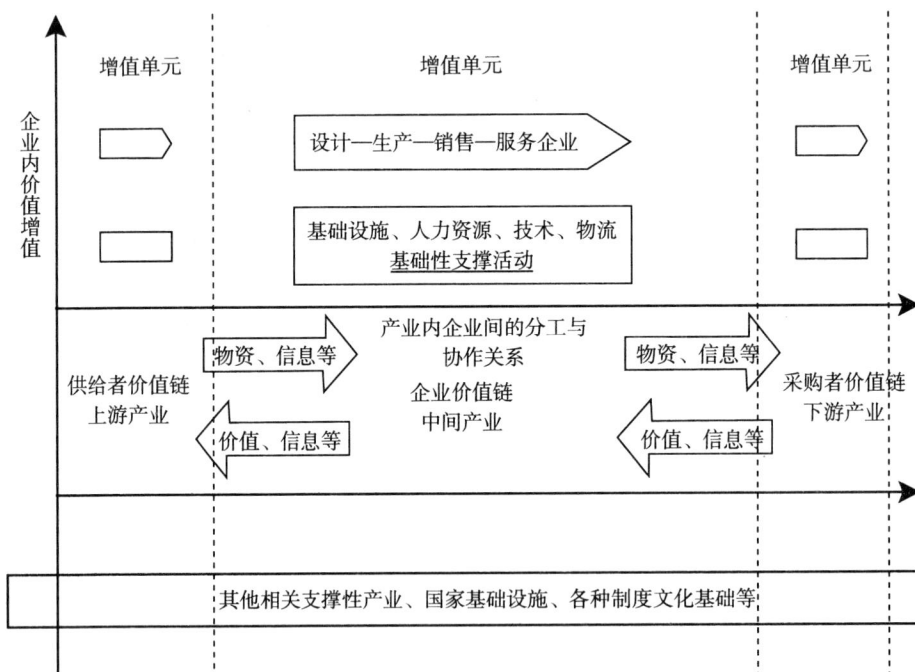

图 6-2　基于价值链的产业分工与协作关系网络

装备制造业集群是一个包括与装备制造企业和相关支撑机构的复杂系统，共同构成一个自我强化的网络结构（见图 6-3）。就大型装备制造业而言，集群内不仅包括同类同质的厂商，还包括零部件、机器和服务等专业化投入的供应商和专业化设施的提供者。① 这种集群化发

---

① 丁云龙，李玉刚. 从技术创新角度看产业结构升级模式 [J]. 哈尔滨工业大学学报，2001（1）.

展也具有很强的扩散性，并能够为关联产业带来更多的附加价值。例如，一套价值接近 2 亿元的鼓风机设备可以使一个炼油厂每天产值增加 1 亿元。研究表明，中国装备制造产业的区域聚集程度仍处于一个稳定的上升阶段，[①] 这种产业聚集不仅发生在通常定义的同一行业内，相关行业也由于行业间的相互作用、相互吸引而产生共同聚集的效果。[②] 各地区结合原有产业基础、技术实力和市场需求，在产业布局中都强化了特色产业集聚区和集群的作用，积极建设本地化的装备制造产业体系。例如，北京正在建设丰台科技园、亦庄开发区、通州光机电一

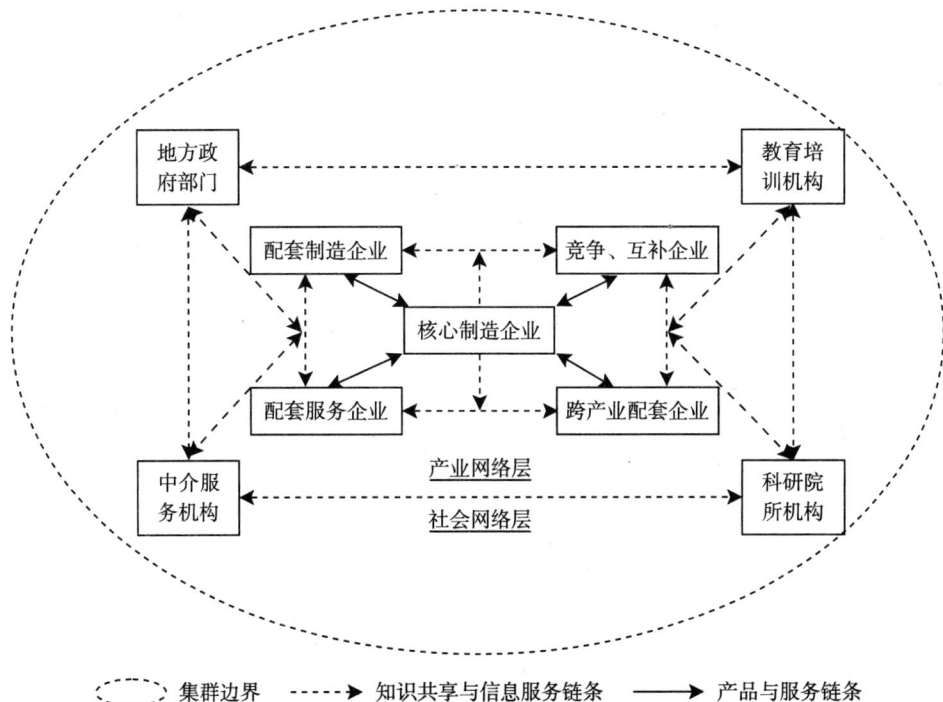

图 6-3　装备制造业集群网络结构图

资料来源：李凯，李世杰. 装备制造业集群网络结构研究与实证［J］. 管理世界，2005(4).

---

① 白重恩，杜颖娟，陶志刚，全月婷. 地方保护主义及产业地区集中度的决定因素和变动趋势［J］. 经济研究，2004（4）；范剑勇. 市场一体化、地区专业化与产业集聚趋势——兼谈对地区差距的影响［J］. 中国社会科学，2004（6）；范剑勇，杨丙见. 美国早期制造业集中的转变及其对中国西部开发的启示［J］. 经济研究，2002（8）；罗勇，曹丽莉. 中国制造业集聚程度变动趋势的实证研究［J］. 经济研究，2005（8）.
② 路江涌，陶志刚. 中国制造业区域聚集及国际比较［J］. 经济研究，2006（3）.

体化产业基地、酒仙桥电子城、林河工业开发区、昌平科技园以及海淀产业园等装备制造产业集群。在更高阶段，要在将分散的产业群整合为产业带和新的大工业区，一个集生产、销售、服务和设计、创新为一体的高级产业群，甚至成为一个城市群。

三、集成化创新

装备制造产是一个知识技术密集型工业部门，通过直接和间接的知识投入与产出实现了不同部门、工作单元与知识元素之间的知识创造、知识扩散（见图6-4），[①] 成为促进产业技术进步的重要单元。技术集成化程度高、技术吸纳能力强是现代装备制造的显著技术特点。作为一个系统，装备制造产业是由若干相互联系和相互独立的模块单元构成的，每个模块单元就是一个先进的技术系统。装备制造产业的创新空间和机会非常大，这也表明，现代装备制造产业的技术创新体系是一个多元的高度集成化系统，任何一个模块单元都存在着设计、部件和功能重新组合的可能性，每一种可能性就是一个新的创新窗口和增长机会。模块单元的多样性，决定着创新模式或方式的多样化，有的强调总体设计的创新，有的注重生产工艺的改良，有的突出现场服务的改善；有的需要大企业牵头，有的需要小企业配套；有的需要大规模集中生产与组织，有的需要小规模分散化的网络支持。但是，应该以企业为主，科研机构和高等学校及其他力量的现代装备制造产业技术体系建设是集成创新，增强自主创新能力的首要任务。在现代装备制造产业技术体系建设过程中，基于市场的创新资源配置机制是基础力量。通过适当的政策设计，引导各种创新资源向现代装备制造企业和产业及其集群区集中、聚集，形成强大的技术创造、应用和扩散能力，促进关键设备和部门的工装国产化、现代化步伐，提高国民经济的创新素质和发展能力。

---

① 张华胜，薛澜. 中国制造业知识特性、规模、经济效益比较分析 [J]. 中国工业经济，2003（2）.

投入　　　　　　　　转换　　　　　　　　产出

```
┌──────────┐        ┌──────────────┐              ┌────────────────────┐
│ 引进类知识 │───┐    │ 产业特征决定  │          ┌──│ 直接的知识产出：专  │
└──────────┘   │    │ 下的产业规模  │          │  │ 利，开发的新产品    │
               │    └──────────────┘         明  └────────────────────┘
┌──────────┐   │                             晰
│ 体现类知识 │───┤                             性
└──────────┘   │                             知
               │                             识
┌──────────┐   │
│ 非体现   │────┼─────────────────────────┐
│ 类知识   │    │                          │
└──────────┘   │                          隐
               │                          含
┌──────────┐   │                          性
│ 需消化的知识│──┤                          知
└──────────┘   │                          识  ┌────────────────────┐
               │    ┌──────────────┐         └──│ 知识所带来的经济效  │
┌──────────┐   │    │ 产业特征决定  │            │ 益：劳动生产率的提  │
│ 知识的生产│────┘    │ 下的产业创造  │            │ 高、利税、销售等    │
│ 性投入   │        │ 新知识的欲望  │            └────────────────────┘
└──────────┘        └──────────────┘
```

可以量化的知识
投入指标

可以量化的知识
产出指标

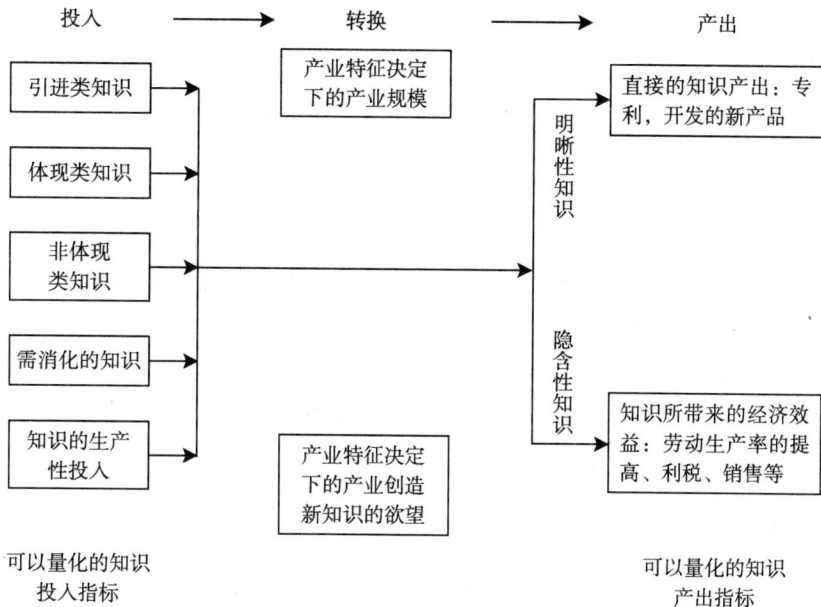

图 6-4　中国制造业知识特征分析模型

资料来源：张华胜，薛澜.中国制造业知识特性、规模、经济效益比较分析 [J].中国工业经济，2003（2）.

（一）依托重点工程，实现重点突破，加速形成有中国特点的装备制造产业技术体系

不同类型产业具有不同的性质属性和技术内在机理，其创新要素分布与创新资源配置等各具特点。装备制造产业门类多、产业链长、横纵向扩散与渗透性强，决定着装备制造产业技术体系的多元性。作为一个资本、技术和知识高度密集的工业部门，定制化的生产模式以及技术的相对成熟性，要求装备制造产业技术体系突出集成性和系统性，即通过一些成套工程项目，将不同类型的零部件和单元组织在一起，形成耦合性良好的新的大系统。加强大型、关键设备与工程项目的整体设计，在高档数控机床与基础制造装备、高效清洁发电与输变电等领域，依托重点工程，完善技术标准，实施科学组织，调动全社会创新资源，并将这些资源聚集在以企业为主体的产业化项目周围，努力突破核心技术，提高重大技术装备研发设计、核心元器件配套、加工制造和系统集成的整体水平，最大限度地实现创新效率。在项目

组织实施过程中，构建多种类型的产学研合作模式，[①] 有助于显著提高关键技术、重大技术和某些共性技术的整体研究与开发水平，并缩短设计、研发、工程化到市场的时间，形成一种面向市场的、有竞争力的技术体系。[②]

（二）搭建引进消化吸收平台

在经济全球化和开放创新的时代，不充分利用 R&D 资源全球化，实现封闭式创新，毫无疑问是一种落后的创新理念。作为一种新的生产要素，科技与传统生产要素一起参与到了全球配置过程，使得传统的创新组织设计和结构、创新模式和路线发生了重大变化。当今世界，能够最大限度利用全球 R&D 资源，以我为主，为我所用，我尽其用地有重点实施创新项目，是决定创新方向、创新速度和创新质量的关键要素。对于全球化程度很高的现代装备制造产业而言，如何在消化吸收引进国外先进技术和组织经验基础上，形成基于本土化、面向国际化的创新能力，是许多国家产业发展的重要政策指向。中国装备制造产业与发达国家还存在着较大的技术差距，而中国经济发展又对装备制造产业发展提出了更新更高的需求，单独依靠自身力量，难以快速满足和支撑我国新型工业化发展需求。因此，依托现有产业技术基础、生产条件和组织能力，加强对引进技术的消化吸收，促进集成创新和引进消化基础上的再创新，成为增强中国装备制造产业技术能力的一种重要手段。搭建引进消化吸收平台，对于提高装备制造产业整体技术水平，形成一种本土化的内在技术能力，实现技术跨越，具有重要的战略意义。在构建关键技术引进消化平台方面，可以充分发挥原有国家相关技术贸易公司的作用，充分发挥其高水平专家队伍、信息网

①产学研合作创新是发挥企业、高等院校和研究机构各自资源优势和比较优势的重要载体。国家创新政策明确规定，有明确产品目标导向、市场发展空间和产业化前景的项目，由企业牵头或有企业参与，并且进行实质投资。优先支持产学研联合的项目，已经成为评价产学研联合合作项目绩效的重要指标。

②根据经济发展的总体部署，我国将重点实施如下十六项大型工程项目：大型清洁高效发电装备、特高压交流和直流输变电成套设备、百万吨级乙烯等大型石化成套设备、大型煤化工成套设备、大型薄板冷热连轧成套设备及涂镀层加工成套设备、大型煤炭综采和大型露天矿设备、大型海洋石油工程装备和大型LNG 等特殊船舶、高速列车和新型地铁车辆、大型环保装备及资源综合利用设备、大断面岩石掘进机等大型施工机械、重大工程自动化控制系统、大型精密高速数控机床、新型纺织机械、新型大马力农业装备、电子生物医药等先进生产设备、民用飞机及发动机和机载设备。

络、商务谈判、招标等多种优势。随着政府职能的进一步转变，许多经济职能，包括技术引进等将会依托企业以及一些有实力的机构来完成，因为它们靠近市场。政府应该对这种促进技术扩散的方式，予以政策优惠和支持。此外，也可以由相关企业与国家相关部门、行业协会等联合，构建专业化的某些关键技术引进消化平台。在适当时机，可以采用股份制等方式，成立关键技术引进消化吸收中心。此外，由于中小企业尤其是科技型中小企业资金有限、信息有限，建议该平台重视为中小企业的技术贸易活动提供相关服务。①

第三节　政策支持

自《国务院关于加快振兴装备制造业的若干意见》（2006 年 6 月 28 日）正式发布以来，包括"关于对中国装备制造业重点企业重组并购的决定"、"中国装备制造业采购办法"、"中国重大装备制造业依托工程"和"中国重大技术装备政策管理办法"在内的相关配套政策就开始进入制定过程。在上述政策制定过程中，有必要突出如下政策导向。

一、实施对称性的产业组织政策

所谓对称性的产业组织政策实质上是一种充分发挥市场力量，兼顾国际惯例与经验，政府有限参与的旨在促进竞争，遏制垄断的产业政策。作为一种产业，装备制造产业的发展同样离不开市场机制的基础性作用，在这个意义上，通过市场力量促进不同装备企业的自由调整和重组，是装备制造产业良性发展的基本力量。因此，充分利用全球化，实现资本与产业跨国整合，是现在任何一个国家和地区产业发展不可放弃的一种方式。但是，在利用资本全球化的过程中，必须平

---

① 王伟光. 自主创新、产业发展与公共政策：基于政府作用的一种视角 [M]. 北京：经济管理出版社，2006.

衡产业发展与产业安全之间的关系，如果涉及或者会对产业未来安全产生潜在的或无法明确评估的威胁，政府必须干预，这是一种国际惯例。在资本全球化流动的过程中，跨国公司为了获得世界市场的控制地位和攫取垄断利润，他们通常会选择一些重要的产业部门实施并购。作为一个新兴的快速增长经济体，中国正在成为许多跨国公司并购的重点区域。① 外资并购对于促进竞争，淘汰落后产品，优化结构等具有一定的正面影响。然而，如果这些活动涉及和有染控制一个国家的关键产业部门，势必影响着该国的产业安全、经济安全和国家安全。毋庸置疑，装备制造产业就是这样的一个产业部门，特别是装备制造产业中的某些关键部门和环节，如一些大型成套装备制造行业、精密精加工行业以及一些关键的重要零部件行业。这些部门和环节具有重要的战略价值，国外许多国家产业政策对于这些行业仍然采取着严格管制措施。例如，当一些中国企业并购美国、加拿大、法国等一些重要部门时，常常面临着严格的审查，成功率很低。② 国家意志和国家利益具有绝对优先权，对国家经济安全有影响的行业和关键部门，必须严格限制外资并购，这符合国际惯例和经验。基于上述思想的产业组织政策，就是一种对称的产业组织政策，否则就是一种不对称、不公平的单边政策，国家长远利益必将受到损失。

二、创造性地发挥国有企业的战略作用

作为一种战略产业，中国装备制造产业一直是国家重点扶持领域。中国装备制造产业的技术基础和微观经济基础，大都形成于计划体制下，国有企业成为最主要的支撑力量。随着国有企业改革和现代企业制度建设，国有装备制造企业在不断吸收、应用现代技术和组织的基础上，形成了适合国情的规模化的技术能力和组织能力，承载着支持

---

① 根据汤姆逊金融公司统计，2004 年外资在华共完成 2141 个跨国并购项目，价值 240 亿美元，占我国实际吸收外商投资的 40%。资料来源：李晓华.加入 WTO 后以市场换技术的思考 [J]. 中国工业经济，2004 (4). 关于外资并购中国装备制造产业的特点以及政府的作用，参见王广凤，肖春华.我国装备制造业外资并购中的政府干预 [J]. 中国科技论坛，2007 (6).

② 例如，中国联想集团在并购 IBM PC 业务时，就受到了美国外国投资委员会的严格审查，而中海油并购美国尤尼科石油公司、海尔并购美泰公司等则因美国政府干预而以失败告终。

中国现代化建设，富民强国的历史使命。由于资本、技术要求和国民经济各部门的需要，国有企业在中国装备制造产业发展过程中始终起着支撑作用，经过 50 多年的发展，积累了一大批技术、设备和生产经验，重大技术装备自主研发体系，形成了中央、地方、军用和民用等不同体制下的生产与技术体系。如果缺乏国有企业的参与和支撑，中国装备制造产业的国家使命和战略意义将受到削弱。更为重要的是，装备制造产业的特殊性质，决定了某些行业和部门，必须由国有企业进入、主导和控制。国有企业进入、主导和控制关键的战略部门，并不意味着非国有企业没有市场空间和发展潜力，相反围绕和满足国家战略需求，非国有企业将进入一个新的发展黄金期。国有装备制造企业主导和控制关键的战略部门，需要进一步加强改革和创新，探索与新环境相适应的现代国有企业产权制度、治理结构、经营机制以及国有资产管理模式。产业关联大的、技术相近、经济联系紧密的企业，可以兼顾市场机制和国家利益双重需求，通过多种形式的组织结构调整，[1] 建立长期稳定的契约关系，实现一体化经营。在现代国有装备制造企业制度中，注重企业家培养，探索激励新模式，也具有重要意义。

三、建设开放的现代装备制造产业技术体系

充分利用 R&D 全球化带来的技术机遇，在利用外资技术溢出效应的同时，通过建立海外研发机构、购并国外企业、委托国外科研机构设计与开发、技术外包等方式，将全球 R&D 资源整合于中国装备制造产业生产与技术体系之内。形成资源深加工与精加工，集成生产与配套生产，灵活制造和创新制造，占领市场和创造市场相结合的良性创新链环，将是我国产业创新的重要路径选择。作为产业创新体系的中心环节，企业自主创新模式多种多样。由于不同企业的资源禀赋、企业家以及相关制度安排存在差异，企业自主创新的方式和手段也不尽

---

[1] 例如，以工程配套、主机配件结合为主要途径，通过股份合作、产权置换等形式，吸收各种资金，推动装备制造业企业进行跨行业、跨地区、跨所有制的兼并与联合，是许多地方加快装备制造业国有资本向重点企业集中的一种方式。

相同。围绕快速产品/工艺集成开发系统，建模与仿真技术，自适应信息化系统，柔性可重组制造系统，新材料加工技术，纳米制造技术，生物制造技术及无废弃物制造技术等产业共性技术，采用技术研发共同体、技术合资企业、技术创新联盟、产学研合作创新等多种方式，加速技术开发与应用过程，促进中国装备制造企业跨越发展。支持设计研究院所和骨干企业整合，发展具有系统设计、系统集成、工程总承包和全程服务等集成能力的工程公司。依托国家重大工程项目、经济技术开发区、国家高新技术产业开发区、出口基地等现有组织基础，促进成套装备制造企业成长，鼓励建设特色突出的装备制造产业配套基地和产业集群发展。例如，为某些重大成套设备提供配套的基础功能零部件产业基地，将获得国家税收优惠和国债资金优先支持；① 新立、扩建企业技术开发中心和技术工程研究中心，国家将给予科技计划项目或专项科技资金支持等。在装备制造产业技术体系建设中，还需要建立一套科学有效的创新激励机制，采用多种形式激励技术员工的创新热情，促进全员创新。② 除此之外，还需要进一步加强和完善知识产权制度，为产业技术创新创造良好的制度环境。③

四、促进产业国际分工条件下的外包升级

随着产业内分工的精细化和产业间分工的社会化，以及信息通信技术的兴起与扩散，现代装备制造业已经成为产业空间广、产业价值链长、产业关联复杂的工业部门，并随着新兴工业化经济体的快速发

---

① 例如，2004~2006 年，共有 128 项装备项目得到省贴息支持，安排贴息资金 7.6 亿元，占贴息资金总额的 39.4%。使一批骨干企业的装备技术水平、综合竞争力得到显著提升，促进了辽宁省装备制造业向产业结构高级化目标迈进。

② 例如，中航一集团沈阳黎明航空发动机（集团）有限责任公司推广的"首席工人制"，是一种有效激发企业技术高手成长的全新模式，"它不问学历，不看资历，就重技术，就凭工作"，"不搞终身制，聘用期为 1~2 年"。该公司的数控铣工王欣采用的"一听、一看、一把刀"的加工技巧，充分发挥了刀具的切削性能，提高了产品质量和工作效率，年均创造、节约产值 20 万元。2007 年 10 月，公司奖励王欣一辆"吉利自由舰"轿车。目前，这种灵活的、高强度的激励措施，已经成为该公司全员创新的重要推动力。

③ 国外经验证明，过去的技术发展之所以缓慢，是因为"对发展新技术的激励仅仅是偶然的。通常创新可以被别人无代价地模仿，而发明创造者得不到任何报酬。直到现代，不能在创新方面建立一个系统的产权，仍是技术变化迟缓的主要根源"。参见道格拉斯·C.诺思. 经济史中的结构与变迁 [M]. 上海：上海三联书店，上海人民出版社，1994.

展而展现着前所未有的增长机会。这是因为，创意、设计、工程化、生产、销售、服务和物流等不同社会化生产环节在分工深化的同时，也塑造着新的生产组织和服务组织方式，使得技术密集、组织复杂的现代装备制造产业以一种更加富有效率和增长潜力的态势出现在21世纪的经济发展前沿。与传统的设计生产一体型和资源获取型的全球化生产模式不同，现代装备制造产业的全球化模式已经转变为了设计、创新主导型和生产、服务外包型共生的新模式。目前，中国已经拥有了一批实力较强的外包公司。[①] 但是，在转包生产过程中，还存在一些问题。例如，陕西在飞机发动机、起落架、水平和垂直尾翼、航空仪表等零部件生产等方面表现出较强的竞争力，但是"生产能力不足和管理不到位"。中国装备制造企业在参与国际竞争中走"国际代工"的道路，是一种内生性的自然选择。随着学习能力的加强，中国装备制造企业正在逐步实现从 OEM 向 ODM 再向 OBM 的转化（见表 6-7）。[②]因此，依托产业集群，培育一大批具有国际影响和竞争力的自有品牌，实现外包转型，将是中国装备制造产业升级的重要环节。

表 6-7　制造业国际分工：发包方与代工方的关系

	创新		生产		营销
	研究	开发	设计	创造/组装	品牌运营/营销推广
OEM	发达国家先进企业承担			相对落后国家后进企业承担	发达国家先进企业承担
ODM	发达国家先进企业承担	相对落后国家后进企业承担			发达国家先进企业承担
OBM	相对落后国家后进企业自行承担			外移或外包	相对落后国家后进企业自行承担

资料来源：刘志彪. 全球化背景下中国制造业升级的路径与品牌战略 [J]. 财经问题研究，2005（5）.

[①] 根据国际数据公司（IDC）对亚太地区 35 个可能作为离岸交付服务中心的城市，根据劳动力成本、租金成本、语言能力和员工离职率等一系列标准进行了比较和排名，排在前十位的城市依次是：班加罗尔、马尼拉、新德里、孟买、大连、上海、北京、悉尼、布鲁斯班、奥克兰。资料来源：http://news.daliandaily.com.cn/gb/news/2007-07/31/content_1955358.htm.

[②] OEM（Original Equipment Manufacture）是指"原始装备制造"。"代工"（Subcontracting），随着学习能力的增强和对上下游价值链的理解与掌握能力的增强，逐渐转向 ODM（Original Design Manufacture），最后发展到 OBM（Own Brand Manufacture）阶段。参见刘志彪. 全球化背景下中国制造业升级的路径与品牌战略 [J]. 财经问题研究，2005（5）.

五、加大装备制造产业人力资本投资

装备制造产业是一个知识技术密集型部门，需要有一大批高素质管理人才、技术人才和服务人才参与到产业发展的各个环节。目前，人才流失严重，而企业经营管理人才和高级技能人才短缺是制约中国装备制造产业高质量发展的一个重要原因。例如，陕西装备制造产业科技人员年流失 4000 多人，高级人才的流出与流入比为 12：1，中级人才为 8：1，高级技工严重短缺。更为重要的是，缺乏足够的人力资本，装备制造产业升级与发展，将缺乏有效的基础支撑。日本经济之所以能够在第二次世界大战之后迅速复苏，并在技术引进基础上成功地推行"市场推动型技术创新"模式，是因为它有良好的教育基础，才使得"提高生产力的努力和技术革新灵活对应成为可能，支持了经济发展"，在很大程度上取决于其高效的人力资本投资。例如，日本在20 世纪 60 年代的高等教育以及"终身雇佣制"为前提的企业内部培训活动，不仅培养了出色的现场技术人员，更加强了对引进技术的再创新，从而使日本在 20 世纪 80 年代在技术创新方面占据着优势地位。①通过适当的机制设计，引导企业、社会资源加大装备技术人才投资，同时重视创新型团队的引进与培育。其中，后者应该是装备制造产业重点突破和形成持续竞争力的关键。例如，围绕中国重大成套设备制造、数字化机床和医疗机械、IC 装备、汽车电子等发展需要，以重大工程项目、重大科技专项为依托，创建以团队方式从外部引入技术开发、现代管理、市场服务、宏观管理等方面的创新型团队，将项目、人才与产业集群高度统一协调，为装备制造业振兴提供充足的人力资本支撑。而且，高素质的人力资本也是吸引跨国公司在华设立研发机构的重要因素。②

① 吉川弘之. 日本制造——日本制造业变革的方针 [M]. 上海：上海远东出版社，1998.
② 市场潜力、人员素质、研发成本和当地大学的参与配合，是吸引跨国公司在新兴国家进行研发活动三个关键要素。2006 年，美国国家科学学会、国家工程学会和医药研究所的一项调查显示，在 15 个行业 209 家跨国公司中，32.5%将在中国扩大研发规模视为首选。据中国商务部估计，目前跨国公司在华设立的研发中心已超过 750 家，在华投资的大跨国公司几乎都设立了研发中心。资料来源：http://www.china-pressusa.com.

　　在加大人力资本投资过程中，要特别重视企业家的作用。企业家具有创新精神，是推动技术创新的重要力量，能够将科学和发明由潜在的生产力变成现实的生产力，使企业进入良性发展周期。现在中国装备制造产业还缺少一大批企业家，因此，企业家队伍的建设及管理人才队伍的培训，应成为装备制造业振兴政策的一个重要内容，以创造出一种鼓励冒险、勇于承担风险的创新、创业文化。

参考文献

［1］Yongmin Chen, Thitima Puttitanun. Intellectual Property Rights and Innovation in Developing Countries ［J］. Journal of Development Economics, 2005, 2 (12): 474–493.

［2］Yoram Krozer. Environmental Policy for Innovations ［M］. Springer London, 2008: 103–127.

［3］Yuan Li, Hai Guo, Yi Liu & Mingfang Li. Incentive Mechanisms, Entrepreneurial Orientation, and Technology Commercialization: Evidence from China's Transitional Economy ［J］. Journal of Product Innovation Management, 2008, 25 (1): 63–78.

［4］Sternitzkeand Christian. Knowledge Sources, Patent Protection, and Commercialization of Pharmaceutical Innovations ［J］. Research Policy, 2010 (7): 810–821.

［5］Stewart, D W., Zhao, Q. Internet Marketing, Business Models, and Public Policy ［J］. Journal of Public Policy & Marketing, 2000, 19 (3): 287–296.

［6］Taro Akiyama, Yuichi Furukawa. Intellectual Property Rights and Appropriability of Innovation ［J］. Economics Letters, 2009 (6): 138–141.

［7］Tony Thistoll and David Pauleen. Commercialising Innovation Internationally: A Case Study of Social Network and Relationship Management［J］. Journal of International Entrepreneurship, 2010 (3): 36–54.

［8］Trippl and Michaela. Developing Cross-Border Regional Innovation Systems: Key Factors and Challenges ［J］. Journal of Economic & Social Geography, 2010 (4): 150–160.

［9］ Tuomas Takalo and Tanja Tanayama. Adverse Selection and Financing of Innovation: Is There a Need for R&D Subsidies ［J］. The Journal of Technology Transfer, 2010（2）: 16-41.

［10］ Walter Eversheim, Elke Baessler and Thomas Breuer. Integrated Innovation Management ［J］. Springer Berlin Heidelberg, 2009（1）: 5-23.

［11］ Wei Guang Wang. Technology-Acquisition and Reverse Tech-Innovation: A Research Based on the Manufacturing Industries in Northeast Area ［C］. The Fifth Academic Annual Conference on Management of Technology, 2008.

［12］ William B. Werther, J. R.. David Chandler. Strategic Corporate Social Responsibility: Stakeholder in Global Environment ［J］. Sage Publications, 2006（1）: 52-56.

［13］ Storper M.. The regional world: Territorial development in a global economy ［M］. New York: Guildford, 1997.

［14］ Miner A., Amburgey T. L., Stearns T.. Interor-organizational Linkages and Population Dynamics: Buffering and Transformational Shields ［J］. Administrative Science Quarterly, 1990（35）: 689-713.

［15］ Carpenter M. A.. Top Management Teams, Global Strategic Posture, and the Moderating Role of Uncertainty ［J］. Academy of Management Journal, 2001, 44（3）: 533-545.

［16］ Allan A.. Dynamic Boundaries of the Firm: Are Firms Better off Being Vertically Integrated in the Face of a Technologicchange ［J］. Academy of Management Journal, 2001, 44（6）: 1211-1228.

［17］ Cooke P.. Regional Innovation Systems: Competitive Regulation in the New Europe ［J］. Geoforum, 1992（23）: 365-382.

［18］ Nelson R. R.. National Innovation Systems: A Comparative Analysis ［M］. New York: Oxford University Press, 1993.

［19］ Rothwell. Successful Industrial Innovation: Critical Factors For the 1900s ［J］. R&D Management, 1992（3）: 221-239.

［20］ Roy Rothwell. Industrial Innovation: Success, Strategy, Trends, the Handbook of Industrial Innovation ［M］. Edward Elgar, 1994.

［21］ Russo, Benjamin. Innovation and the Long-Run Elasticity of Total Taxable Income ［J］. Southern Economic Journal, 2009 (1): 798-828.

［22］ R. A. Bauer. The Corporate Social Audit ［M］. New York: Russell Sage, 1972.

［23］ Sang-Chul Park. Globalization and Local Innovation System: The Implementation of Government Policies to the Formation of Science Parks in Japan ［J］. AI & Society, 2001 (9): 263-279.

［24］ Sedgley and Elmslie. Reinterpreting the Jones Critique: A Time Series Approach to Testing and Understanding Idea Driven Growth Models with Transitional Dynamics［J］. Journal of Macroeconomics, 2010 (3): 103-111.

［25］ Shaker A. Zahra & Anders P. Nielsen. Sources of capabilities, Integration and Technology Commercialization ［J］. Strategic Management Journal, 2002, 23 (5): 377-398.

［26］ Simon Wakeman. A Dynamic Theory of Technology Commercialzation Strategy ［J］. Academy of Management Proceedings, 2008 (1): 1-6.

［27］ Simon Z.. The Path to Corporate Responsibility ［J］. Harvard Business Review, 2004 (12): 143-152.

［28］ Soumodip Sarkar. An Integrated Innovation Landscape ［M］. Physica-Verlag HD, 2007.

［29］ Stefania Villa. Innovation and Internationalization: The Case of Italy ［J］. The Journal of Technology Transfer, 2009 (12): 588-602.

［30］ 柳卸林. 21 世纪的中国技术创新系统 ［M］. 北京: 北京大学出版社, 2000.

［31］ 陈劲. 完善面向可持续发展的国家创新系统 ［J］. 中国科技论坛, 2000 (2).

［32］ 胡耀辉. 企业技术创新联盟持续发展研究 ［J］. 科学学与科学

技术管理，2007（2）.

[33] 陈佳琪. 技术联盟创新论 [M]. 北京：经济科学出版社，2007.

[34] 陈小洪. 产业链创新：有关认识、案例讨论和建议 [J]. 中国制造业信息化，2008（20）.

[35] 钟书华. 中国企业技术联盟 [M]. 武汉：华中科技大学出版社，2003.

[36] 邸晓燕，张赤东. 产业技术创新战略联盟的类型与政府支持 [J]. 科学学与科学技术管理，2011（4）.

[37] 柳卸林. 技术创新经济学 [M]. 北京：中国经济出版社，1992.

[38] 刘曙光，徐树建. 区域创新系统研究的国际进展综述 [J]. 中国科技论坛，2002（5）.

[39] 刘曙光，田丽琴. 区域创新发展的模式与国际案例研究 [J]. 世界地理研究，2001（10）.

[40] 陈柳钦. 新型区域发展理论：产业集群 [J]. 中国石油大学学报（社会科学版），2006（22）.

[41] 朱清海，李崇光. 产业集群、金融创新与区域经济发展 [J]. 科学·经济·社会，2004（22）.

[42] 陈柳钦. 以产业集群引导区域创新体系向纵深发展 [J]. 产经论坛，2005（9）.

[43] 约瑟夫·熊彼特著，叶华译. 经济发展理论 [M]. 北京：中国社会科学出版社，2009.

[44] 党文娟，张宗益，康继军. 创新环境对促进我国区域创新能力的影响 [J]. 中国软科学，2008（3）.

[45] 朱海就. 区域创新能力评估的指标体系研究 [J]. 科研管理，2004（3）.

[46] 詹湘东. 基于知识管理的区域创新能力评价研究 [J]. 科技进步与对策，2008（4）.

[47] 肖智，吕世畅. 基于微粒群算法自主创新能力综合评价研究

[J]. 科技进步与对策，2008（4）.

[48] 赵希男. 基于个性优势特征分析的区域创新能力分析与评价 [J]. 科学学研究，2009（3）.

[49] 石峰. 基于省际面板数据及 DEA 的区域创新效率研究 [J]. 技术经济，2010（5）.

[50] 池仁勇. 我国东西部地区技术创新效率差异及其原因分析 [J]. 中国软科学，2004（8）.

[51] 白俊红. 中国区域创新系统创新效率综合评价及分析 [J]. 管理评论，2009（9）.

[52] 史修松. 中国区域创新效率及其空间差异研究 [J]. 数量经济技术经济研究，2009（3）.

[53] 王伟光，吉国秀. 沈阳装备制造产业自主创新模式与支撑政策研究 [J]. 中国科技论坛，2007（6）.

[54] 王伟光. 产学研合作创新：模式、机制与政策研究 [M]. 北京：中国农业科学技术出版社，2008.

[55] 王伟光，吉国秀. 知识经济时代的技术创新 [M]. 北京：经济管理出版社，2007.

[56] 唐晓华，王伟光等. 产业集群：辽宁经济增长的路径选择 [M]. 北京：经济管理出版社，2006.

[57] 戴志敏，郭露. "产学研"的企业协同创新体系建设 [J]. 科技广场，2012（12）.

[58] 胡永铨，江慧芳. 基于全球价值链视角的企业创新体系构建 [J]. 科技进步与对策，2009（23）.

[59] 赵一鸣，黎苑楚，董红杰. 基于创新联盟的产业创新体系研究 [J]. 科学学与科学技术管理，2012（2）.

[60] 施放，周桂凤. 中小企业创新外部支撑体系分析 [J]. 经济论坛，2013（1）.

[61] 傅家骥. 技术创新学 [M]. 北京：清华大学出版社，1998.

[62] 柳卸林. 技术轨道和自主创新 [J]. 中国科技论坛，1997（2）.

[63] Erik Reinert and Arno Mong. Exploring the Genesis of Economic

Innovations：The Religious Gestalt–Switch and the Duty to Invent as Pre-conditions for Economic Growth ［J］. European Journal of Law and Economics，1997（5）：233-283.

［64］Ian E. Maxwell. Innovation and Economic Growth ［M］. Springer US，2009.

［65］谢燮正. 科技进步、自主创新与经济增长 ［J］. 软件工程师，1995（5）.

［66］程培津. 自主创新是我国实现经济增长模式转变的战略选 ［J］. 中国发展，2004（8）.

［67］郑新立. 自主创新——转变经济发展方式的关键 ［J］. 前沿，2004（8）.

［68］秦殿军，万娟. 论自主创新与我国经济增长方式的转变 ［J］. 南京工业职业技术学院院报，2006（1）.

［69］王树恩，陈颉. 技术自主创新与经济增长质量的提升 ［J］. 生产力研究，2007（1）.

［70］王可达. 自主创新——经济增长方式转变的关键环节 ［J］. 西北大学学报，2008（4）.

［71］蒋正华. 中国企业自主创新任重道远 ［J］. 中国科学院院报，2007（4）.

［72］赵冬初. 自主创新与经济发展方式转变 ［J］. 云南社会科学，2009（4）.

［73］周琬. 自主创新与经济发展方式转变 ［J］. 理论前沿，2009（24）.

［74］张保胜. 自主创新与优势产业选择的实证研究——以河南省工业行业为例 ［J］. 改革与战略，2010（4）.

［75］黄泰岩. 转变经济发展方式的内涵和实现机制 ［J］. 求是，2007（18）.

［76］［挪］詹·法格博格，［美］戴维·莫利，［美］查理德·纳尔逊. 牛津创新手册 ［M］. 北京：知识产权出版社，2012.

［77］仲伟俊，梅姝娥，谢园园. 产学研合作技术创新模式分析

[J]. 中国软科学，2009（8）.

[78] 亨利·埃茨科维兹. 三螺旋 [M]. 周春彦译. 北京：东方出版社，2005（6）.

[79] 亨利·切萨布鲁夫. 开放式创新——进行技术创新并从中赢利的新规则 [M]. 北京：清华大学出版社，2005.

[80] 林毅夫，任若恩. 东亚经济增长模式相关争论的再探讨 [J]. 经济研究，2007（8）.

[81] 张来武. 论创新驱动发展 [J]. 中国软科学，2013（1）.

[82] 刘志彪. 从后发到先发：关于实施创新驱动战略的理论思考 [J]. 产业经济研究，2011（4）.

[83] 洪银兴. 论创新驱动经济发展战略 [J]. 经济学家，2013（1）.

[84] 夏天. 创新驱动经济发展的显著特征及其最新启示 [J]. 中国软科学增刊（下），2009（4）.

[85] 沈阳市人民政府，辽宁省发展和改革委员会. 沈阳铁西装备制造业聚集区产业发展规划（2010-2020）[R].

[86] 吉国秀，王伟光. 产业集群与域竞争合作机制：一种基于社会网络的分析 [J]. 中国科技论坛，2006（3）.

[87] 黄缘缘，孙伟川. 装备制造业连续 53 个月保持 18% 以上增幅 [N]. 人民日报（海外版），2007-09-03.

[88] 吕政. 提高我国在国际产业分工中的地位 [N]. 中国社会科学院院报，2005-11-10.

[89] Borrus, Michael, Dieter Ernst, and Stephan Haggard, eds. International Production Networks in Asia [M]. London and New York: Routledge. 2000, p.2.

[90] United Nations Industrial Organization. Industrial Development Report 2002/2003. Overview. "Competing through innovation and learning", 2002.

[91] Abernathy, Frederick H., John T. Dunlop, Janice H. Hammond, and David Weil. A Stitch in Time: Lean Retailing and the Transformation of Manufacturing—Lessons from the Apparel and Textile Indus-

tries [M]. New York：Oxford University Press，1999.

[92] Shahid Yusuf 等. 东亚创新未来增长 [M]. 北京：中国财政经济出版社，2004.

[93] 中国科技促进发展研究中心. 中国科技政策与发展研究：2001 调研报告精选 [M]. 北京：科学技术文献出版社，2002.

[94] 龚雯. 外企已在华设研发中心 750 多家，技术密集型为主 [N]. 人民日报，2006-2-9。

[95] 唐晓华. 产业集群：辽宁经济增长的路径选择 [M]. 北京：经济管理出版社，2006.

[96] 郭克莎. 我国技术密集型产业发展的趋势、作用和战略 [J]. 产业经济研究，2005（5）.

[97] 吴新力. 加快发展我国重大技术装备制造业 [J]. 学习与研究，2006（9）.

[98] 沈旭东. 先进制造技术对我国制造业提出新要求 [J]. 中国科技成果，2006（11）.

[99] 金碚. 世界分工体系中的中国制造业 [J]. 中国工业经济，2003（5）.

[100] 青木昌彦，安藤晴彦. 模块时代：新产业结构的本质 [M]. 上海：上海远东出版社，2003.

[101] 丁云龙，李玉刚. 从技术创新角度看产业结构升级模式 [J]. 哈尔滨工业大学学报，2001（1）.

[102] 白重恩，杜颖娟，陶志刚，仝月婷. 地方保护主义及产业地区集中度的决定因素和变动趋势 [J]. 经济研究，2004（4）.

[103] 范剑勇. 市场一体化、地区专业化与产业集聚趋势——兼谈对地区差距的影响 [J]. 中国社会科学，2004（6）.

[104] 范剑勇，杨丙见. 美国早期制造业集中的转变及其对中国西部开发的启示 [J]. 经济研究，2002（8）.

[105] 罗勇，曹丽莉. 中国制造业集聚程度变动趋势的实证研究 [J]. 经济研究，2005（8）.

[106] 路江涌，陶志刚. 中国制造业区域聚集及国际比较 [J]. 经济

研究，2006（3）.

[107] 张华胜，薛澜.中国制造业知识特性、规模、经济效益比较分析 [J].中国工业经济，2003（2）.

[108] 王伟光.自主创新、产业发展与公共政策：基于政府作用的一种视角 [M].北京：经济管理出版社，2006.

[109] 李晓华.加入 WTO 后以市场换技术的思考 [J].中国工业经济，2004（4）.

[110] 王广凤，肖春华.我国装备制造业外资并购中的政府干预 [J].中国科技论坛，2007（6）.

[111] 道格拉斯·C.诺思.经济史中的结构与变迁 [M].上海：上海三联书店，上海人民出版社，1994.

[112] 刘志彪.全球化背景下中国制造业升级的路径与品牌战略 [J].财经问题研究，2005（5）.

[113] 吉川弘.日本制造——日本制造业变革的方针 [M].上海：上海远东出版社，1998.

[114] 金麟洙.从模仿到创新——韩国技术学习的动力 （中译本） [M].北京：新华出版社，1998.

后　记

　　本书具体研究涉及产业技术创新、产业技术创新本地化、产业集群创新能力以及经济发展方式转变等内容。其中，产业技术创新重点是从辽宁省和我国先进装备制造产业的角度进行了分析。在研究先进装备制造产业技术创新体系的过程中，由于缺少有关先进装备制造产业的权威数据，我们参考了国内外同行的研究思路，将行业重点界定在高技术产业这一先进装备制造产业较为集中的部门，参考的相关数据则来源于《中国高技术统计年鉴》、《中国科技统计年鉴》。

　　关于辽宁省先进装备制造产业技术创新体系研究部分，重点是从创新基础、创新效果等角度进行了现状分析，同时也以沈阳市装备制造为代表研究了集群式创新模式的基本特点。在先进装备制造产业技术的支撑体系方面，我们结合科技创新支撑体系的历史演变，对辽宁省先进装备制造产业技术创新体系的基本结构进行了梳理，并对该体系绩效进行了实证分析。最后，从宏观角度提出了现代装备制造产业技术创新发展的政策建议，包括实施对称性的产业组织政策、创造性地发挥国有企业的战略作用、加大装备制造产业人力资本投资等。

　　关于技术创新与经济发展方式转变这部分，主要包括技术创新体系与经济发展方式转变的理论进展、技术创新与经济发展方式转变的理论分析两大部分内容。其中技术创新体系主要包括企业创新体系、产业创新体系和区域创新体系三个层面，这三个层面创新体系的交互作用共同构成了国家创新体系。面对经济发展方式转变的需求，重点研究了企业、产业、区域创新的基本原理，并分析了关键技术跨越式发展、技术改造与融合发展、区域产业创新极发展等模式，试图将产业技术创新与经济发展方式转变联系起来，延伸原有产业创新体系的研究内容。

冯荣凯、高宏伟、尹博、白雪飞、马胜利、夏茂森、康鹏、马云俊、董革冰、由雷、李玉涛、万进、彭宗、张妍妍、张洪阳、刘新竹等对本书的出版贡献颇多，他们或完成了初稿，或查询了大量资料。本书也是我们这个团队的集体研究成果，在研究中，我们参考了许多国内外学者的成果，在此表示感谢。

感谢经济管理出版社的大力支持以及出版社编辑的辛勤劳动！有了他们的帮助，我们的成果得以顺利出版。

感谢我的父母，感谢我的妻子吉国秀教授，更要感谢可爱的女儿王焜小宝宝，让我体会到初为人父的快乐。

王伟光

2013 年 9 月